놀라운 생태계, 거꾸로 살아가는 동물들

지식은 내 친구 004
놀라운 생태계, 거꾸로 살아가는 동물들

2018년 1월 30일 초판 6쇄 | 2012년 11월 5일 초판 1쇄
글 햇살과나무꾼 | 그림 안은진 | 감수 백승용
펴낸이 박강희 | 펴낸곳 도서출판 논장 | 등록 제10-172호·1987년 12월 18일
주소 10881 경기도 파주시 회동길 329 전화 031-955-9163 전송 031-955-9167
제조국명 대한민국 | 사용연령 8세 이상 | 주의사항 종이에 베이거나 긁히지 않도록 조심하세요.
ISBN 978-89-8414-154-4 73490
ⓒ 햇살과나무꾼·안은진, 2012

· 잘못 만들어진 책은 구입하신 서점에서 바꾸어 드립니다.
· 책값은 뒤표지에 있습니다.
· 이 책의 내용을 쓰려면 반드시 저작권자와 논장의 동의를 받아야 합니다.

놀라운 생태계, 거꾸로 살아가는 동물들

햇살과나무꾼 글 | 안은진 그림 | 백승용 감수

눈장

작가의 말

상식을 뒤집는 동물들에게 배우는 생태계

우리는 보통 낙타는 혹이 있고, 달팽이는 껍데기가 있고, 돌고래는 바다에서 사는 것으로 알고 있습니다. 그런데 놀랍게도 우리의 상식을 뒤엎는 동물들이 있습니다. 혹이 없는 낙타 라마와 껍데기 없는 달팽이 민달팽이, 강에 사는 돌고래 강돌고래 같은 동물들입니다. 심지어 젖을 먹여 새끼를 키우는 바퀴벌레도 있지요.

이렇듯 자연계에는 우리가 알고 있는 상식을 벗어나 거꾸로 살아가는 동물들이 많습니다. 이 동물들은 언뜻 보면 돌연변이 같지만 사실은 정상적인 동물들입니다. 단지 아주 오랜 세월 동안 자연환경에 적응해 오면서 '거꾸로의 삶'을 살게 된 것뿐이지요. 또 진화 과정에서 같은 부류의 동물들과 다른 길을 간 경우도 있고요. 그러니까 이 동물들은 자연의 섭리를 거스른 것이 아니라, 오히려 자기 나름의 대처법으로 꿋꿋하게 살아남은 것입니다. 사실 알고 보면 '거꾸로'란 것도 그 동물들에게는 똑바로인 셈입니다.

이 책에는 바로 그런 동물들의 이야기가 소개되어 있습니다. 1부에는 분신술을 쓰듯 몸이 둘로 나뉘면 두 마리가 되는 플라나리아, 눈이 3만 개나 되는 잠자리, 목구멍으로 숨을 쉬는 자라처럼 아주 독특한 몸 구조를 지니고 살아가는 동물들의 이야기가 실려 있고, 2부에는 알을 낳는 포유동물 오리너구리, 비늘 없는 물고기 메기, 이빨 없는 포유동물 개미핥기처럼 포유동물이나 어류 등에 대해 우리가 알고 있는 상식과 전혀 다른 몸을 지니고 있는 동물들의 이야기가 실려 있습니다. 또 3부에는 바다가 아니라 강에서 사는 돌고래, 변온 동물의 몸으로 얼음으로 뒤덮인 땅 남극에서 살아가는 작은 곤충 톡토기, 평생 나무 위에서만 사는 나무늘보처럼 아주 특이한 곳에서 살아가는 동물들의 이야기, 4부에는 수컷이 새끼를 낳는 해마, 포유동물도 아니면서 젖을 먹여 새끼를 키우는 바퀴벌레와 모래땅, 쇠똥, 심지어는 살아 있는 애벌레 같은 별난 장소에 알을 낳는 동물들의 이야기가 실려 있습니다.

거꾸로 살아가는 동물들의 이야기를 재미있게 읽다 보면, 자연스럽게 포유류, 조류, 어류, 파충류 등의 특징과 생존 방법을 알게 될 것입니다. 학자들은 자연계의 여러 동물들을 연구하여 공통점을 알아내고, 포유류, 조류, 어류로 분류하여 연구해 놓았습니다. 우리는 거꾸로 그것을 배워 나가는 것이지요. 여러분의 이해를 돕기 위해, '홑눈과 겹눈', '외골격과 내골격', '자포동물', '편형동물' 같은 중요한 개념은 정보 상자에 따로 설명해 두었습니다. 또 〈심화 학습〉에서는 '진화란 무엇일까?', '동물의 분류', '동물의 서식지' 등 좀 더 깊이 있는 내용을 정리해 두었습니다.

거꾸로 살아가는 동물들 가운데는 아직 생태의 비밀을 풀어내지 못한 동물들도 있습니다. 그 동물들의 비밀을 알아내면 많은 사실을 알 수 있기 때문에, 지금도 동물학자들은 그 동물들을 열심히 연구하고 있습니다. 여러분도 거꾸로 살아가는 동물들의 이야기를 읽으면서 동물들이 왜 그렇게 살게 되었는지, 자연계에서 살아남기 위해 동물들이 어떻게 자연에 적응해 왔는지 생각해 보세요. 또 여러분 주위에도 생김새나 성격이 남다른 친구가 있다면, 거꾸로 살아가는 동물들을 떠올리며 그 친구들은 왜 그렇게 태어났는지, 왜 그런 성격을 갖게 되었는지를 생각해 보기 바랍니다. 그리고 그 친구가 자기 나름의 방법으로 열심히 살아가는 모습으로 이해해 주면 좋겠습니다.

햇살과나무꾼

작가의 말 · 4

1부 놀라운 몸을 가진 동물들

몸이 둘로 나뉘면 두 마리가 되는 플라나리아 · 10

3만 개의 눈을 가진 잠자리 · 15

갑옷을 입은 포유동물, 아르마딜로 · 20

심화 학습 | 동물의 방어 기술 · 26

어려서는 뾰족 이빨, 커서는 갈퀴 이빨, 은어 · 30

물을 마시지 않고 사는 캥거루쥐 · 36

산호는 식물일까 동물일까? · 42

심화 학습 | 동물과 식물은 어떻게 구분할까? · 48

목구멍으로 숨을 쉬는 자라 · 50

2부 친구들과 다른 몸을 가진 동물들

부리와 갈퀴를 지닌 포유동물, 오리너구리 · 56

비늘이 없는 물고기, 메기 · 62

껍데기 없는 달팽이, 민달팽이 · 68

폐가 있는 물고기, 폐어 · 74

심화 학습 | 진화란 무엇일까? · 79

혹 없는 낙타, 라마 · 82

다리가 없는 도마뱀, 유럽무족도마뱀 · 88

혀 없는 개구리, 피파개구리 · 91

이빨이 없는 포유동물, 개미핥기 · 96

심화 학습 | 동물의 분류 · 102

3부 특이한 곳에서 사는 동물들

물속에서 사는 포유동물, 고래 • 106
남극에서 사는 톡토기 • 112
땅속에서 사는 포유동물, 두더지 • 118
강에 사는 돌고래, 강돌고래 • 124
심화 학습 | 동물들의 서식지 • 130
사막에서 사는 쟁기발두꺼비 • 134
물에서 사는 거미, 물거미 • 140
평생 나무에서만 사는 나무늘보 • 146

4부 새끼를 낳아 기를 때도 특별하게

모래땅에 알을 낳는 명주잠자리 • 154
한 둥지에 여러 암컷이 알을 낳는 타조 • 160
살아 있는 애벌레에 알을 낳는 맵시벌 • 166
심화 학습 | 곤충들의 탈바꿈 과정 • 172
수컷이 새끼를 낳는 해마 • 174
심화 학습 | 동물들의 짝짓기 행동 • 178
젖을 먹여 새끼를 키우는 바퀴벌레, 갑옷바퀴 • 180
흙 속에 알을 묻는 무덤새, 메거포드 • 184
형제를 잡아먹고 태어나는 강남상어 • 189
쇠똥에 알을 낳는 쇠똥구리 • 194

교과 연계 주제별 연구 과제 • 200
동물 카드 활동 자료 • 202

1부 놀라운 몸을 가진 동물들

몸이 둘로 나뉘면 두 마리가 되는 **플라나리아**

놀라운 분신술사

　분신술을 아세요? 몸이 여러 개가 되는 마법 말이에요. 손오공이 분신술을 써서 여러 명이 되어 싸우고, 홍길동을 칼로 베었더니 둘이 되고, 한 번 더 베었더니 넷이 되어 나타났다는 이야기를 듣거나 만화를 본 적이 있을 거예요.

　그런데 만화에서나 일어날 수 있는 일을 실제로 할 수 있는 동물이 있답니다. 바로 플라나리아지요!

길쭉한 플라나리아는 몸통을 둘로 자르면, 놀랍게도 잘린 몸이 각각 하나의 플라나리아로 자라납니다. 머리가 있는 부분에서는 뒤쪽에 꼬리가 생기고, 꼬리가 있는 부분에서는 앞쪽에 머리가 자라지요. 그뿐만 아니라, 세로로 길게 잘라도 몸의 반쪽이 똑같이 생겨나 온전한 두 마리가 된답니다.

도대체 어떻게 이런 일이 가능할까요?

그건 바로 플라나리아의 몸에 있는 신성 세포 덕분이에요. 플라나리아의 신성 세포에는 세포를 둘로 분열시키는 성분인 리보핵산이 아주 풍부해요. 플라나리아의 몸이 잘리면 신성 세포의 활약으로 세포 분열이 빠르게 일어난답니다. 그래서 원래 몸통이었던 부분에서 머리도 생겨나고 꼬리도 생겨나지요.

암수한몸이랍니다

플라나리아는 주로 축축한 통나무 밑이나 돌 밑에서 살아요. 크기는 0.3~2cm이고 몸 빛깔은 낙엽이나 돌과 비슷한 적갈색을 띠고 있지요. 삽처럼 생긴 머리와 뾰족한 꼬리가 있으며 입은 배 한가운데에 있어요. 앞쪽에는 원시적인 눈이 2개 있는데, 빛에 반응해서 몸을 움직이지요.

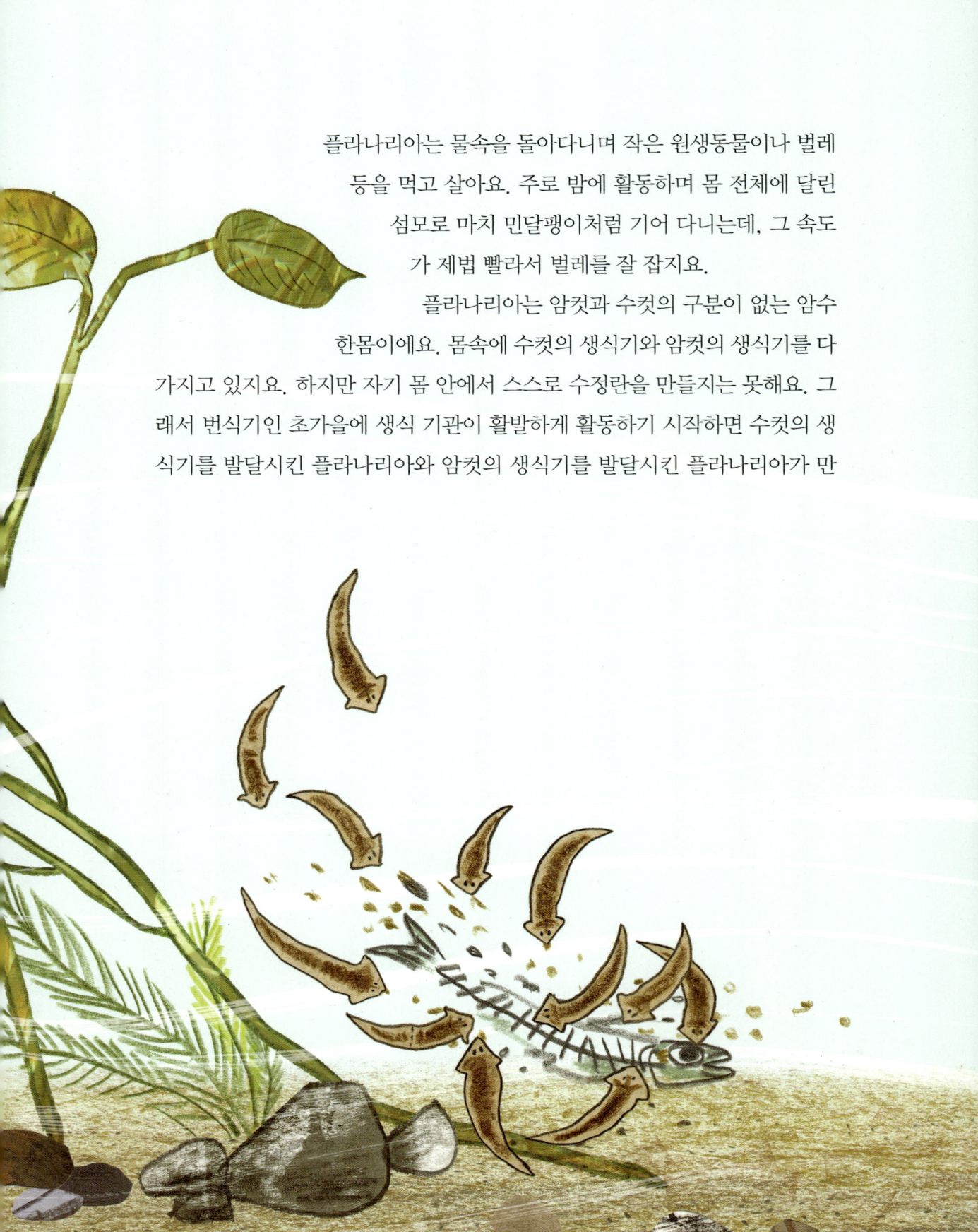

플라나리아는 물속을 돌아다니며 작은 원생동물이나 벌레 등을 먹고 살아요. 주로 밤에 활동하며 몸 전체에 달린 섬모로 마치 민달팽이처럼 기어 다니는데, 그 속도가 제법 빨라서 벌레를 잘 잡지요.

플라나리아는 암컷과 수컷의 구분이 없는 암수한몸이에요. 몸속에 수컷의 생식기와 암컷의 생식기를 다 가지고 있지요. 하지만 자기 몸 안에서 스스로 수정란을 만들지는 못해요. 그래서 번식기인 초가을에 생식 기관이 활발하게 활동하기 시작하면 수컷의 생식기를 발달시킨 플라나리아와 암컷의 생식기를 발달시킨 플라나리아가 만나 수정란을 만들어요. 그런데 환경이 아주 좋지 않거나 다른 플라나리아를 만나기 힘들면 놀랍게도 스스로 몸을 둘로 나누어 번식을 한답니다. 엄청난 재생력을 지녔기에 가능한 일이지요.

먹성 좋은 생태계 청소부

맑은 시내나 산골짜기에 가면 플라나리아를 만날 수 있어요. 시냇물 바닥이나 돌 위에 붙어 있는 플라나리아는 생태계의 작은 청소부예요. 물가에 사는 작은 동물이나 벌레가 죽으면 플라나리아들이 몰려들어 순식간에 먹어 치워 버리거든요. 플라나리아 덕분에 작은 개울이나 산에 고인 민물이 깨끗하게 유지된답니다.

또 뛰어난 재생력을 지닌 플라나리아는 과학자들의 연구 대상이기도 해요. 과학자들은 플라나리아의 비밀을 잘 풀어낼 수만 있다면 사고로 몸의 일부를 잃거나 다친 사람들에게 큰 도움을 줄 수 있다고 생각한답니다.

편형동물

편형동물은 좌우가 대칭이고 몸이 납작한 동물로, 머리 쪽에 원시적인 감각 기관과 신경이 모여 있을 뿐 척추가 없고 호흡계나 순환계, 골격계가 없는 원시적인 동물입니다. 플라나리아가 속하는 와충류 말고도 흔히 우리가 기생충이라고 부르는 촌충, 디스토마 등 약 13,000종이 편형동물에 속합니다.

촌충

편형동물은 습기만 있으면 전 세계 어디서든 살 수 있으며 민물과 짠물, 추운 곳과 더운 곳을 가리지 않는 끈질긴 생명력을 지니고 있습니다. 심지어 게나 지렁이, 민물고기 같은 동물의 몸에서도 편형동물의 애벌레를 쉽게 찾아볼 수 있지요.

디스토마

편형동물은 대부분 암수한몸으로 다른 개체와 짝짓기를 하기도 하고 혼자서 정자와 난자를 모두 만들어 수정란을 만들어 내기도 합니다. 이런 과정 없이 플라나리아처럼 몸의 일부를 잘라 또 다른 개체를 만들거나 싹이 나듯이 자기 몸에서 새끼가 돋아나게 하는 방법으로 번식을 하는 경우도 있습니다.

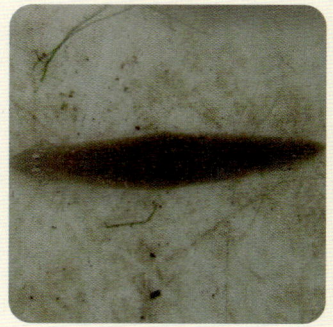

플라나리아

3만 개의 눈을 가진 잠자리

커다란 눈의 비밀

새의 눈은 두 개, 개의 눈도 두 개, 물고기의 눈도 두 개예요. 동물들은 대개 오른쪽과 왼쪽에 하나씩, 두 개의 눈을 갖고 있어요. 이 눈으로 먹이도 찾고, 적도 알아보고, 짝도 찾아내지요.

그런데 무려 3만여 개나 되는 눈을 지닌 동물이 있어요. 우리 주변에서 흔히 볼 수 있는 곤충, 바로 잠자리예요.

얼핏 보면 잠자리는 커다란 눈이 두 개 있는 것처럼 보여요. 그래서 잠자리를 그릴 때도 보통 길쭉한 몸과 두 쌍의 날개, 크고 동그란 눈 두 개를 그리곤 하지요. 그런데 잠자리의 커다란 두 눈은 사실 작은 눈들이 따닥따닥 모여서 이루어져 있답니다! 그 작은 눈의 개수가 무려 3만여 개나 되지요.

눈이 3만여 개라니! 그럼 잠자리는 시력이 좋을까요, 나쁠까요? 잠자리 눈을 자세히 살펴보아요.

3만여 개의 눈으로 세상을 보다

잠자리의 눈처럼 여러 개의 작은 눈이 모여 이루어진 눈을 겹눈이라고 해요. 겹눈을 이루는 낱낱의 작은 눈을 낱눈이라고 하고요. 3만여 개의 낱눈이 모여 있는 잠자리의 커다란 두 겹눈은 잠자리 머리의 절반을 뒤덮고 있어요.

그런데 잠자리는 겹눈 말고도 홑눈도 세 개 지니고 있어요. 홑눈은 사람을 비롯한 대부분의 동물들이 지닌 일반적인 눈이랍니다.

이렇게 많은 눈으로 잠자리는 어떻게 물체를 볼까요?

잠자리의 겹눈을 확대해 보면, 낱눈들이 육각형 모양으로 붙어 있는 걸 알 수 있어요. 이 낱눈 하나하나가 모두 렌즈 역할을 하지요. 각각의 낱눈에 물체의 모습이 나뉘어 찍히면, 종잇조각을 붙여 모자이크를 만들듯이, 낱눈에 찍힌 상을 합쳐 물체를 봅니다.

사실 곤충들은 대개 홑눈과 겹눈을 갖고 있어요. 하지만 시력이 그다지 좋은 편은 아니랍니다. 제법 시력이 좋다는 꿀벌도 사람 시력의 80분의 1에 지나지 않아요. 하지만 잠자리는 낱눈이 3만여 개나 모인 겹눈이 있어서, 물체의 움직임을 잘 파악할 수 있어요. 꿀벌의 낱눈 수가 5천여 개이니, 잠자리는 꿀벌보다 여섯 배나 많은 낱눈이 있는 셈이지요. 잠자리는 곤충 가운데 눈의 수가 가장 많고 시력도 가장 좋아서 20m 떨어진 곳에서 움직이는 물체를 알아볼 수 있을 정도랍니다.

어디 그뿐인가요? 잠자리의 커다란 겹눈은 머리의 옆과 뒤까지 뒤덮고 있어서, 가만히 앉아서도 위아래뿐 아니라 옆과 뒤까지 볼 수 있답니다.

곤충 세계 최고의 비행술사

곤충 세계에서 잠자리가 최고인 것이 또 하나 있어요. 바로 비행술이에요. 잠자리는 얇은 날개가 두 쌍 있는데, 날개에 날개맥이 촘촘히 있어 쉽게 찢어지지 않고 무척 질기답니다. 잠자리는 이 얇고 튼튼한 날개를 빠르게 움직여 날아다녀요. 빠를 때는 초속 10m로 날 수 있지요.

게다가 잠자리는 두 쌍의 날개를 따로 움직일 수 있어요. 날개가 두 쌍인 곤충들 가운데 앞뒤 날개를 따로 움직일 수 있는 것은 잠자리뿐이랍니다. 그 덕분에 잠자리는 정지 비행을 할 수 있어요. 공중에서 정지했다가 먹이가 있는 쪽으로 재빨리 방향을 바꿔서 날아가지요. 빗방울을 피해 요리조리 날 수도 있고요. 잠시 정지했다가 빗방울이 떨어지지 않는 곳으로 파고드는 놀라운 비행 기술을 보여 주지요.

체온이 떨어지면 날 수 없어요

그러나 최고의 비행술을 자랑하는 잠자리에게도 약점은 있어요. 체온이 떨어지면 날 수 없

다는 점입니다. 작은 잠자리는 체온이 12~15℃가 되어야 날 수 있고, 큰 잠자리는 체온이 20℃ 이상 되어야 날 수 있어요.

　잠자리도 다른 곤충들처럼 주위 온도에 따라 체온이 변하는 변온 동물이기 때문에 기온이 낮으면 체온도 낮아져요. 그래서 잠자리는 아침 해가 뜨기 전에는 대개 수풀 속에 숨어 휴식을 취해요.

　기온이 너무 높아져도 위험해요. 잠자리의 체온도 기온에 따라 마구 올라가기 때문이지요. 그래서 잠자리는 뙤약볕이 내리쬐면 물구나무서듯 꽁무니를 치켜 올리는 경우가 많답니다. 몸에 닿는 햇볕의 양을 조금이라도 줄여 체온을 내리려는 거지요.

홑눈과 겹눈

홑눈은 모든 생물이 지닌 일반적인 눈을 말합니다. 단세포 생물인 유글레나의 눈처럼 아주 원시적인 눈부터 사람의 눈처럼 고도로 발달된 눈까지 종류가 아주 많지요. 단세포 생물의 홑눈은 빛이 있느냐 없느냐를 겨우 알아챌 수 있는 반면, 사람의 홑눈은 물체의 형태와 색깔, 움직임을 모두 알 수 있습니다.

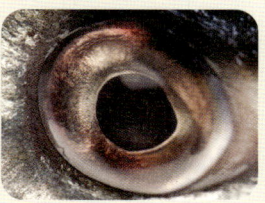
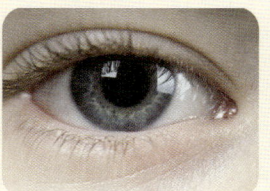

홑눈을 지닌 동물

겹눈은 여러 개의 낱눈이 벌집 모양으로 모인 눈으로, 낱눈 하나하나에 맺힌 상을 합쳐 물체를 보기 때문에 물체의 움직임에 민감하게 반응합니다. 겹눈 하나는 보통 몇백 개의 낱눈으로 이루어져 있습니다.

대부분의 동물들은 홑눈만 지니고 있지만, 절지동물 가운데 곤충류와 갑각류 등은 특이하게도 홑눈과 겹눈을 모두 지니고 있습니다. 보통 큰 겹눈 한 쌍과 홑눈 3개를 가지고 있는데, 홑눈으로는 물체의 밝고 어두움을 구별하고, 겹눈으로는 물체의 움직임과 형태, 색깔을 구별하지요.

겹눈과 홑눈을 함께 지닌 동물

갑옷을 입은 포유동물, 아르마딜로

갑옷을 입은 꼬마

　얼룩말에게는 검은색과 흰색 줄무늬의 털이 있고, 양에게는 곱슬곱슬한 털이 있어요. 포유동물은 이렇게 대부분 몸에 털이 있지요. 사람들이 추위와 더위를 막기 위해 옷을 입듯이, 포유동물은 털로 추위와 더위를 물리치고 몸을 보호해요.

　그런데 포유동물이면서 악어처럼 딱딱한 갑옷을 입고 있는 동물이 있어요. 남아메리카의 열대 초원에서 곤충을 사냥하며 살아가는 동물, 아르마딜로가 그 주인공입니다.

아르마딜로는 남아메리카의 열대나 아열대 지방에서 살아요. 몸의 크기는 종류에 따라 다른데, 몸길이가 1.5m나 되는 종류도 있고, 다 자라도 몸길이가 16cm밖에 되지 않을 정도로 작은 종류도 있답니다. 아르마딜로는 혼자 살기도 하고 여러 마리가 무리를 지어 살기도 해요. 주로 밤에 돌아다니면서 흰개미나 지렁이 따위를 잡아먹지요.

'아르마딜로'란 에스파냐 말로 '갑옷을 입은 꼬마'라는 뜻이에요. 이름 그대로 몸이 갈색이나 회색의 갑옷으로 덮여 있지요. 아르마딜로를 뒤덮고 있는 골판은 '골질'이라는 물질로 이루어져 있어요. 골질은 뼈를 이루는 주요 성분인데, 이 성분이 피부 밖으로 나와 갑옷처럼 단단하게 굳어진 거예요.

아르마딜로의 갑옷을 좀 더 자세히 보면 여러 조각의 골판이 띠처럼 이어져 있는 걸 볼 수 있어요. 이 띠의 수에 따라 세띠아르마딜로, 여섯띠아르마딜로, 아홉띠아르마딜로로 나뉘어요.

그런데 아르마딜로는 왜 이렇게 단단한 갑옷을 입고 있을까요? 갑옷을 입은 전사처럼 싸움을 좋아하기 때문일까요?

적이 다가오면 몸을 공처럼 말아요

아르마딜로는 겉보기에는 무서운 동물처럼 보이지만 사실은 겁이 많고 힘도 약해요. 그러다 보니 재규어와 코요테를 비롯한 맹수들의 위협에 시달리지요. 그래서 아르마딜로는 적의 공격으로부터 스스로를 지키기 위해 튼튼한 갑옷으로 무장을 하고 있어요. 제아무리 날카로운 이빨을 가진 맹수라도 뼈처럼 단단한 갑옷을 물어뜯을 수는 없을 테니까요.

아르마딜로를 지켜 주는 소중한 갑옷. 이 훌륭한 갑옷이 온몸을 감싸고 있으면 좋으련만, 아르마딜로의 배 부분은 갑옷이 아닌 부드러운 털에 싸여 있

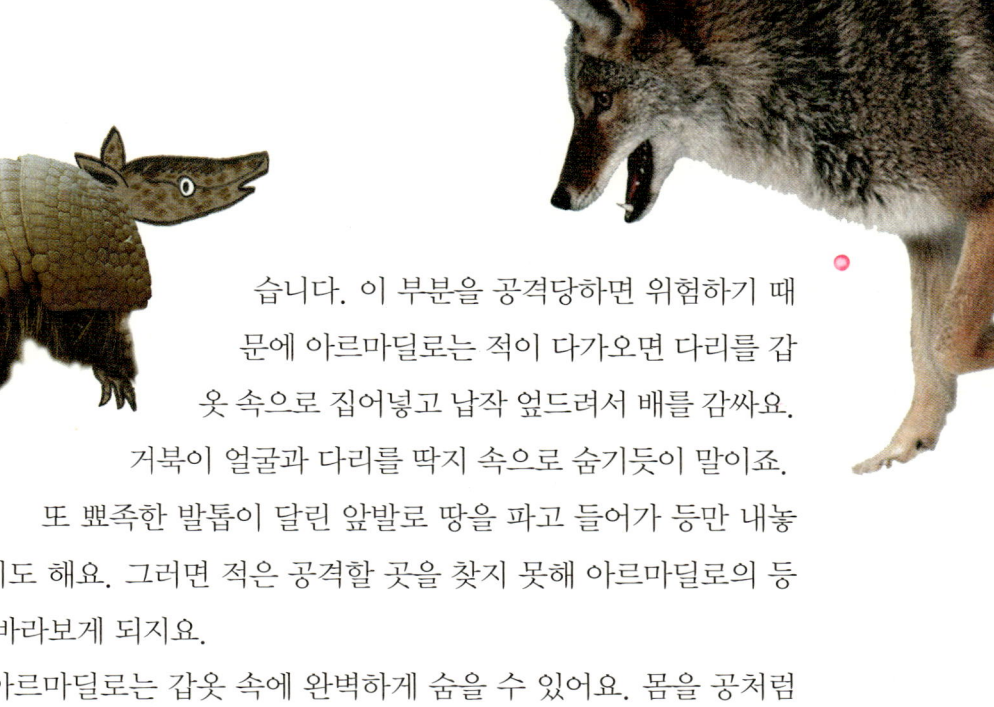

습니다. 이 부분을 공격당하면 위험하기 때문에 아르마딜로는 적이 다가오면 다리를 갑옷 속으로 집어넣고 납작 엎드려서 배를 감싸요. 거북이 얼굴과 다리를 딱지 속으로 숨기듯이 말이죠. 또 뾰족한 발톱이 달린 앞발로 땅을 파고 들어가 등만 내놓고 숨기도 해요. 그러면 적은 공격할 곳을 찾지 못해 아르마딜로의 등만 멀뚱멀뚱 바라보게 되지요.

특히 세띠아르마딜로는 갑옷 속에 완벽하게 숨을 수 있어요. 몸을 공처럼 돌돌 말아 갑옷 속으로 쏙 들어간답니다. 그러면 부드러운 곳이 모두 갑옷 속에 숨겨져 안전하지요.

새끼는 갑옷이 부드러워요

아르마딜로의 갑옷은 태어날 때부터 있을까요?

아르마딜로는 종류에 따라 한 번에 1~12마리의 새끼를 낳아요. 갓 태어난 새끼 아르마딜로도 갑옷이 있긴 하지만, 어미처럼 단단하지 않아요. 2~3주가 지나야 비로소 단단해지지요.

갑옷이 단단해질 때까지 어미 아르마딜로는 새끼에게서 잠시도 눈을 떼지 않는답니다. 호기심 많은 새끼가 혼자서 풀밭을 돌아다니다가는 맹수의 먹이가 되고 말 테니까요.

갑옷이 아르마딜로를 지켜 주기는 하지만, 갑옷의 무게 때문에 아르마딜로는 재빨리 움직이지 못해요. 등에 무거운 짐을 지고 있는 것과 마찬가지니까요. 그런데 물속에서는 아주 빠르게 움직일 수 있답니다.

어떻게 그럴 수 있냐고요? 아르마딜로는 물에 들어갈 때 물고기가 부레에 공기를 집어넣듯이 크게 숨을 들이쉬어 몸에 공기를 넣어요. 그 덕분에 부력이 커져서 물속에 들어가도 가라앉지 않고 헤엄을 칠 수 있답니다.

외골격과 내골격을 모두 지닌 아르마딜로

외골격과 내골격

뼈(골격)는 동물의 몸을 보호하고 지탱해 줍니다. 사람을 비롯한 포유동물은 뼈가 내장 기관을 에워싸서 보호하고 그 바깥쪽을 근육이나 피부가 덮고 있어요. 이처럼 뼈가 몸 안에 있는 구조를 내골격 구조라고 합니다.

반면에 곤충류와 거미류, 갑각류와 같은 절지동물은 뼈가 몸 바깥쪽에 있는 외골격 구조입니다. 바깥의 딱딱한 껍데기가 안쪽의 부드러운 기관을 보호하지요.

동물에 따라 외골격과 내골격을 모두 지닌 경우도 있습니다. 대표적인 동물이 거북입니다. 거북은 척추동물로 내골격 구조이지만 뼈의 일부가 변한 등딱지 덕분에 외골격 구조도 갖추고 있지요. 아르마딜로도 마찬가지입니다. 내골격 구조의 포유동물이지만, 몸의 바깥쪽에 단단한 갑옷을 지니고 있습니다.

외골격을 지닌 가재

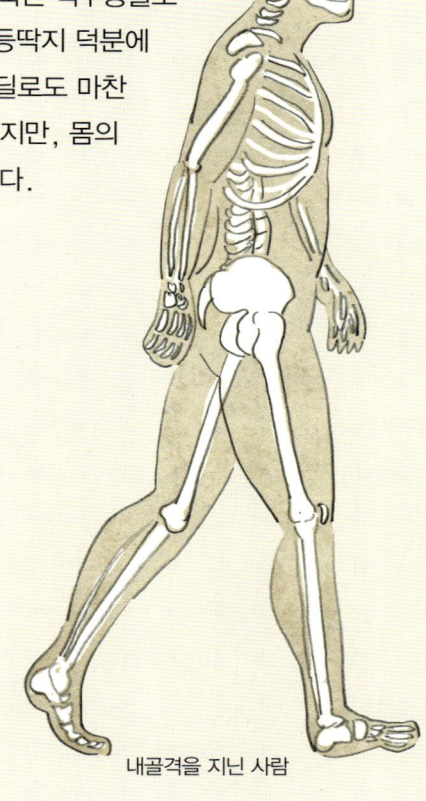
내골격을 지닌 사람

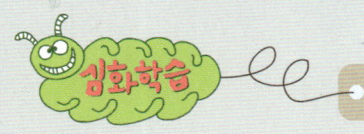

동물의 방어 기술

　동물은 대부분 적으로부터 자신의 몸을 보호할 수 있는 방법을 지니고 있습니다. 호시탐탐 자기를 노리는 적들이 곳곳에 있으니까요.
　동물들의 방어법 가운데 가장 기본적인 것은 보호색입니다. 되도록 적의 눈에 띄지 않는 것이 가장 좋기 때문입니다. 그래서 주위 환경과 비슷한 몸 색깔을 지닌 동물이 많습니다. 식물의 잎을 먹고 사는 애벌레들은 주로 초록색, 나방은 나무껍질 색깔로 새들의 눈을 속입니다. 또 주변 환경에 따라 몸 색깔을 바꾸는 카멜레온이나 나뭇가지처럼 보이는 자벌레처럼 아주 교묘한 위장술을 지닌 동물들도 있지요.

사마귀

애벌레

카멜레온

나방

다음으로 단단한 껍데기나 가시로 몸을 보호하는 방어법이 있습니다. 조개와 소라, 달팽이 등은 적이 다가오면 단단한 껍데기 속에 숨어 버립니다. 아르마딜로는 단단한 갑옷 속, 거북은 돌처럼 딱딱한 등딱지 속에 머리와 다리를 숨기지요. 그러고는 적이 지쳐서 돌아갈 때까지 꾹 참고 기다립니다. 또 고슴도치와 성게는 몸의 표면에 있는 날카로운 가시로 몸을 지킵니다. 꼿꼿하게 세운 날카로운 가시를 보면 어떤 적도 쉽게 공격하지 못할 테니까요.

고슴도치

성게

독이나 고약한 냄새를 이용해 몸을 방어하는 동물들도 있습니다. 스컹크가 가장 대표적인데, 지독한 냄새가 나는 액체를 뿜어 적을 쫓아 버리지요. 그 밖에도 독화살개구리는 적이 위협을 하면 피부 점막에서 독을 내뿜어 자신을 보호하고, 무당벌레는 적이 가까이 오면 고약한 냄새가 나는 액체를 내뿜습니다. 이처럼 독을 지닌 동물들은 주위 환경과 비슷한 보호색으로 몸을 숨기는 동물들과 달리 눈에 띄는 화려한 색깔과 무늬로 자기 몸속에 독이나 나쁜 냄새가 있다는 것을 알려서 적을 쫓습니다.

스컹크

독화살개구리

무당벌레

몸을 크게 보이게 하여 겁을 주는 방법으로 적을 물리치기도 합니다. 목도리도마뱀은 위험이 닥치면 몸을 일으켜 세우고 목 주변의 목도리 장식을 펼쳐 크고 무서운 동물처럼 보이게 합니다. 복어 역시 적이 나타나거나 놀라면 배 속에 공기나 물을 한꺼번에 들이켜 몸을 부풀립니다. 그러면 적이 깜짝 놀라 도망을 가지요.

목도리도마뱀

복어

하지만 특별한 방어 기술이 없는 동물도 많습니다.

작은 새나 물고기들은 무리 지어 몰려다니며 몸을 지킵니다. 무리 속에 있으면 적의 공격을 피하기도 쉽고 한꺼번에 움직이다 보면 마치 큰 동물인 것처럼 적의 눈을 속이기도 쉬우니까요.

물고기 떼

새 떼

또 죽은 척하는 동물도 있습니다. 죽은 동물은 먹지 않는 경우가 많기 때문이지요. 유럽유혈목이라는 뱀은 적이 다가오면 일단 쉿쉿 소리를 내서 위협을 해 보다가, 위협이 통하지 않으면 바로 몸을 뒤집고 배배 꼬아 죽은 척을 하지요. 주머니쥐 역시 도망갈 구멍이 없다고 생각하면 몸을 축 늘어뜨리고 죽은 척을 합니다.

죽은 척하는 주머니쥐

유럽유혈목이

어려서는 뾰족 이빨, 커서는 갈퀴 이빨, 은어

여러 가지 물고기의 이빨

물고기도 이빨이 있을까요?

새끼 물고기나 작은 새우를 빨아들여 먹는 물고기 종류는 이빨이 없어요. 하지만 조개나 산호, 성게 등 단단한 껍데기나 껍질을 가진 먹이를 먹는 가시복은 이빨이 잘 발달되어 있지요. 가시복의 앞니는 먹이를 자르기 좋도록 날이 잘 서 있고, 안쪽에 있는 판 모양의 이는 먹이를 부수기에 좋아요. 또 다른 물고기를 잡아서 물어뜯어 먹는 꼬치고기 역시 창 모양의 날카로운 이빨이 나 있어요. 그런가 하면 달고기는 입은 아주 크지만 작은 물고기나 새우를 통째로 먹기 때문에 이빨이 날카롭지 않아요. 바다의 무법자로 이름난 상어는 어떨까요? 상어는 자기보다 큰 물고기도 잡아먹을 수 있어요. 뾰족한 이빨로 큰 물고기를 잡아 찢어서 먹지요.

　상어는 아랫니와 윗니가 각각 세 줄씩이나 있거든요. 이렇게 물고기는 먹이에 따라 이빨이 있기도 하고 없기도 하고, 이빨의 모양도 여러 가지입니다.

　그런데 살아가면서 이빨의 모양이 바뀌는 물고기가 있어요. 바로 은어랍니다. 은어는 한국, 일본, 중국 지역에서 살기 때문에 우리나라의 옛날 책들에도 기록이 남아 있어요. 조선 시대의 어류 백과사전이라고 할 수 있는《난호어목지》에 보면, 주둥이의 턱뼈가 은처럼 하얗기 때문에 은구어(銀口魚 : 입이 은빛인 물고기라는 뜻)라고 부른다고 쓰여 있지요. 입 주위가 하얗게 빛나서 금방 눈에 띄는 은어. 은어의 이빨 모양이 어떻게 바뀌는지 알아볼까요?

어릴 때는 뾰족 이빨, 커서는 갈퀴 이빨

은어는 연어처럼 고향으로 돌아와 새끼를 낳는 회귀성 물고기예요. 하지만 바다에서 자란 뒤 강으로 돌아와서 알을 낳는 연어와는 반대로, 은어는 강에서 자라나 바다와 가까운 강 하류로 내려가 알을 낳지요. 보통 9~10월에 알을 낳는데, 암컷 은어는 강 하류의 모래나 자갈 사이에 1만 개나 되는 알을 낳고는 대부분 그 자리에서 죽고 맙니다. 그 뒤 2~3주가 지나면, 알에서 새끼 은어가 깨지요. 새끼 은어는 몸이 2.5cm 정도로 자랄 때까지 강 하류에 머물러 있다가 겨울이 오면 먹이가 많은 바다로 내려가요.

어린 은어가 바다에서 즐겨 먹는 먹이는 새우처럼 딱딱한 껍질을 가진 자그마한 갑각류예요. 그래서인지 이때 돋아나는 이빨은 뾰족한 원뿔 모양이랍니다. 이빨이 뾰족뾰족해야 갑각류의 딱딱한 껍질을 부술 수 있으니까요.

이윽고 이듬해 봄, 따뜻한 봄기운이 퍼지는 3, 4월이 되면 은어는 바다에서 강의 상류로 올라갑니다. 상류로 올라간 은어는 바다에 있을 때와는 달리 바위나 자갈에 낀 이끼를 먹고 살지요. 이때가 되면 원뿔 모양의 이빨이 모두 빠

지고, 갈퀴 모양의 이빨이 빗처럼 촘촘히 돋아납니다. 바위에 낀 이끼를 긁어 내는 데는 갈퀴 이빨이 제격이니까요.

그뿐만 아니라 갈퀴 이빨은 원래 이빨이 있던 자리가 아니라 그보다 훨씬 바깥쪽인 입의 가장자리에 돋습니다. 입이 이빨을 감싸고 있으면 돌에 납작 달라붙은 이끼를 떼어 낼 때 거치적거리기 때문이지요.

맑은 물에서만 살 수 있어요

돌에 붙은 이끼를 주로 먹는 은어는 자갈이 깔려 있는 강 밑바닥을 좋아해요. 또 맑은 물에서만 살 수 있고 오염된 곳에서는 살지 못하지요. 그런데 요즘 환경 오염이 심각해지면서 은어가 살 수 있는 터전이 줄어들고 있어요. 또 늘어나는 댐 때문에 은어가 다니는 길이 가로막혀 은어의 생태가 위협받고 있지요.

햇살에 빛나는 잔물결 속에서 은빛 비늘을 반짝이며 노니는 은어. 아름다운 은어가 바다에서 강으로, 강에서 바다로 자유롭게 오갈 수 있도록 자연환경이 잘 보존되어야 해요. 요즘처럼 빠른 속도로 자연이 파괴되면, 서식 환경에 따라 이빨 모양이 바뀌는 은어의 놀라운 모습을 볼 수 없게 될지도 몰라요.

태어난 곳으로 돌아오는 물고기들

은어처럼 태어난 곳으로 되돌아오는 물고기를 회귀성 물고기라고 합니다. 회귀성 물고기로는 은어와 연어 외에도 송어나 칠성장어 등이 있습니다.

대부분 강에서 태어나는 회귀성 물고기들은 어느 정도 자라면 바다로 가서 지냅니다. 그러다 짝짓기를 할 시기가 되면 자기가 태어난 곳을 찾아 강을 거슬러 수천 킬로미터를 올라갑니다. 연어는 하루에 160km까지 이동하는데, 꼬리지느러미의 힘이 좋아 3m가 넘는 돌벽도 뛰어넘을 수 있다고 합니다.

회귀성 물고기들은 고향을 찾아가서 알을 낳고 나면 대부분 기운이 빠져 죽고 맙니다. 학자들은 회귀성 물고기들이 지구의 자장을 이용해 길을 찾으며, 일단 강에 도착하면 물에서 나는 냄새를 맡으며 자신이 태어난 곳을 찾아간다고 합니다.

송어

연어

칠성장어

물을 마시지 않고 사는 캥거루쥐

물을 마시지 않아도 끄떡없어요

동물에게 물은 먹이만큼이나 중요해요. 동물의 몸은 3분의 2 이상이 물로 이루어져 있는데, 그 양을 유지하지 못하면 목숨을 잃게 되거든요. 그래서 동물들은 땀이나 오줌으로 빠져나간 수분을 보충하기 위해 물을 마셔야 해요.

그런데 물을 거의 마시지 않고 사는 동물이 있어요. 바로 캥거루쥐예요. 캥거루처럼 앞발을 들고 팔짝팔짝 뛰어다니는 캥거루쥐는 물을 거의 마시지 않고도 살 수 있어요. 그것도 뜨겁고 메마른 사막에서요!

무거운 짐을 싣고 사막을 누비는 낙타도 물을 마시지 않고는 배길 수 없어요. 물론 3~4일 정도는 물을 마시지 않고도 사막을 돌아다닐 수 있지만, 물이 있는 오아시스에 도착하면 허겁지겁 달려가 벌컥벌컥 물부터 들이켜요. 그러니까 낙타는 물을 마시지 않는 것이 아니라, 단지 물을 마시지 않고 오래 견딜 수 있는 거예요.

　그런데 어떻게 캥거루쥐는 메마른 사막에서, 물을 거의 마시지 않고도 살아갈 수 있을까요?

　낙타가 물을 마시지 않고 오래 견디는 법을 터득했다면, 캥거루쥐는 몸에서 수분이 최대한 적게 빠져나가게 하는 법을 발달시켰어요. 땀이나 배설물을 통해 빠져나가는 수분의 양을 최대한 줄이는 법을 말이에요.

아끼고 또 아껴서 몇 방울의 오줌만 누어요

　캥거루쥐는 낮에는 서늘하고 축축한 굴속에서 생활하고 기온이 낮아지는 밤에만 땅 위로 올라와 먹이를 찾아요. 그래서 땀을 흘릴 일이 없다 보니, 발바닥만 빼고 온몸에서 땀샘이 사라져 버렸답니다. 게다가 몸의 온도를 주위 온도보다 조금씩만 높게 조절해서 아예 땀이 나지 않도록 해요. 그러니까 캥거루쥐는 몸의 수분이 빠져나갈 걱정이 없지요.

　그렇다면 배설은 어떻게 할까요? 땀이야 흘리지 않고 살 수도 있겠지만, 영양을 섭취하고 난 찌꺼기들을 배설하지 않고는 살 수 없지요. 그런데 배설을 하면 배설물에 섞여 수분이 빠져나가지 않을까요?

캥거루쥐도 똥오줌을 누어요. 대신 참고 참았다가 견디지 못할 지경에 이르러서야 배설을 하지요. 그것도 수분을 최대한 빨아들인 다음에 몸 밖으로 내보낸답니다.

대부분의 동물은 신장에서 물과 영양소를 걸러 내고, 남는 것은 오줌으로 내보내요. 그런데 캥거루쥐는 신장에서 물을 거르는 과정이 무척이나 길어서 신장 속에 모였던 대부분의 수분이 다시 몸속으로 흡수돼요. 그러다 보니 캥거루쥐는 하루에 몇 방울의 오줌밖에 누지 않아요. 거르고 또 거른 다음 내보낸 오줌은 색도 짙고 냄새도 아주 고약하지요. 똥도 아주 바짝 마른 똥을 눈답니다! 과연 물을 아끼는 캥거루쥐답지요?

하지만 아무리 노력해도 수분이 빠져나가는 것을 100% 완벽하게 막을 수는 없어요. 오줌 몇 방울일망정 어쨌든 수분이 빠져나가니까요. 그렇다면 그만큼의 수분은 어떻게 보충할까요?

씨앗에서 물기를 얻는 비법은?

물을 거의 마시지 않는 캥거루쥐는 먹이를 통해 수분을 얻어요. 그렇다고 수분이 많은 나무 열매나 나뭇잎을 먹는 것은 아니에요. 캥거루쥐는 씨앗을 먹고 살아요.

그렇다면 씨앗에서 어떻게 수분을 얻을까요?

캥거루쥐는 여느 쥐처럼 먹이가 있다고 해서 무턱대고 그 자리에서 먹지는 않아요. 땅속에 한동안 저장해 두었다가 먹지요. 땅속에 마른 종이를 묻어 두면 어떻게 될까요? 종이가 땅속의 습기를 빨아들여 축축해지겠지요? 캥거루쥐의 먹이인 씨앗도 마찬가지예요. 캥거루쥐가 묻어 놓은 씨앗은 땅속에서 습기를 빨아들여 촉촉해져요. 바로 이렇게 촉촉해진 씨앗을 먹음으로써 캥거루쥐는 수분을 보충한답니다.

'몸속의 수분을 최대한 아끼고, 어쩔 수 없이 빠져나가는 수분은 땅속의 습기를 머금은 축축한 씨앗으로 보충한다.' 이것이 바로 캥거루쥐가 물 한 모금 마시지 않고도 끄떡없이 살아갈 수 있는 비법이지요.

동물의 몸에는 물이 왜 필요할까?

　사람의 몸은 70%가 물입니다. 다른 동물들의 몸도 물이 비슷한 비율을 차지합니다. 어류는 조금 더 많아서 80%를 차지하고, 미생물은 몸의 95%가 물입니다. 물은 동물의 몸속에서 일어나는 여러 가지 화학 반응에 꼭 필요합니다. 몸속에서 일어나는 대부분의 화학적, 물리적 반응이 수용액 상태, 즉 물에 녹은 상태에서 일어나기 때문이지요. 그래서 물이 없으면 체온을 조절하기도 힘들고, 숨을 쉬기도 어려우며, 몸 밖으로 노폐물을 내보내기도 힘듭니다.

　물이 풍족한 곳에서 사는 동물들은 물을 많이 흡수하고 많이 내보내면서 몸에 있는 물의 양을 조절합니다. 하지만 물이 귀한 곳에서 사는 동물들은 최소한의 물만 사용하며 몸에서 수분을 잃지 않도록 애씁니다.

물을 먹는 동물들

산호는 식물일까 동물일까?

바닷속의 아름다운 숲

산호초를 본 적이 있나요?
육지 근처의 바다, 그중에서도 햇살이 비칠 정도로 맑고 투명한 바다에 가면 산호초를 볼 수 있어요. 산호초가 자라는 곳은 온갖 바다 동물들이 모여 사는 바다의 숲 같아요. 나무 모양, 꽃 모양을 닮은 알록달록한 산호초 사이사이로 바닷말들이 살랑살랑 몸을 흔들고, 새우와 불가사리들이 오가고, 물고기들이 헤엄쳐 다니지요.

어떻게 바닷속에 이런 아름다운 풍경이 펼쳐져 있을까요?

이렇게 놀라운 풍경을 만들어 낸 마술사는 바로 산호라는 생물입니다. 산호가 산호초를 만든 덕분에 플랑크톤이 산호초에서 살게 되었고, 그 덕분에 플랑크톤을 먹는 작은 물고기들이 모여들고, 다시 작은 물고기들을 먹는 큰 물고기들이 모여들지요. 또 이 동물들이 분비한 배설물 덕분에 바닷말들이 자라고 바닷말들을 먹고 사는 작은 생물들이 모여들어 바닷속에 이처럼 아름다운 풍경이 펼쳐진 거랍니다.

산호와 산호초는 달라요

사람들은 산호와 산호초가 같은 줄 알지만, 산호와 산호초는 엄연히 달라요. 산호는 주머니처럼 생긴 몸통을 가진 자포동물의 한 종류예요. 산호가 죽으면 돌처럼 단단한 산호의 골격만 남게 되는데, 이 골격들이 쌓여 만들어진 단단한 암초 덩어리가 바로 산호초예요.

죽은 산호의 골격들이 쌓이면서 산호초가 점점 커지는 모습을 보고, 사람들은 나무가 가지를 뻗는 것처럼 산호가 자라는 것이라고 오해하지요.

18세기 초에 페이소넬이라는 프랑스 학자가 '산호는 동물이다!'라고 주장

했지만, 그 당시에는 아무도 믿지 않았답니다. 오늘날에도 산호를 식물이라고 생각하는 사람이 많아요.

한밤중에 산호초를 살펴보면, 실처럼 가는 작은 생물들이 산호초 표면을 털처럼 뒤덮으며 물결에 살랑살랑 흔들리는 모습을 볼 수 있어요. 얼핏 보면 물결에 일렁이는 이끼 같지만, 사실 이것은 산호가 자그마한 물속 생물들을 잡아먹는 모습이에요.

먹이를 잡아먹는다고요? 그래요, 산호는 스스로 먹이를 잡아먹고 살아요. 먹이를 잡는 촉수도 있고, 먹이를 소화하는 위장(강장)도 있어요. 더 나아가 먹이를 먹고 튼튼히 자라나 알과 정자를 몸 밖으로 배출해 번식도 하지요.

폴립

산호는 어떻게 산호초를 만들까요?

산호는 물속에 알과 정자를 뿌려 번식을 해요. 물속을 떠다니던 알과 정자가 서로 만나면 수정이 되어 물속을 헤엄쳐 다녀요. 그러다 바위나 암초처럼 단단한 물체에 달라붙는데, 이때 원통 모양의 폴립으로 변해요. 산호의 입은 폴립 위쪽에 있는데, 입 주위에 있는 촉수로 먹이를 마비시켜서 잡아먹지요.

산호는 대개 여럿이 무리를 지어 살아요. 산호의 폴립은 정착한 뒤 번식을 시작하지요. 앞에서 말한 것처럼 물속에 알과 정자를 뿌려 번식하기도 하지만, 어미의 몸에서 새끼가 싹처럼 돋아나는 방법으로도 번식을 해요. 폴립이 증식하는 모양은 종류에 따라 다양해요. 나뭇가지처럼 뻗어 나가기도 하고, 비누 거품처럼 둥근 모양의 폴립이 겹쳐 있기도 해요. 이런 폴립들은 단단한 석회성 골격 안에 서로 붙어 있는데, 폴립들이 죽고 나면 이 골격들만 남아 산호초가 된답니다.

산호초를 이루는 데는 다른 생물들도 한몫을 해요. 조개처럼 석회질의 껍데기나 골격을 가진 생물이 죽으면 이들의 파편들이 산호초의 틈으로 들어가기도 하지요. 이때 아메바와 같은 원생동물이나 조류들이 그 사이에서 얇은 막처럼 자라며 석회질 파편들과 산호초들을 붙여 주는 역할을 하지요.

환경 오염으로 사라져 가는 산호초

산호초는 바닷물의 온도가 20℃ 이하로 내려가지 않는 따뜻하고 깨끗한 바다에 많아요. 많은 바다 생물이 산호초를 보금자리로 삼는데, 그 수가 전체 바다 생물의 4분의 1에 이르지요. 그 가운데에는 우리 눈에 잘 보이지 않는 식물성 플랑크톤, 즉 조류가 있어요. 조류들은 햇빛과 물속의 이산화탄소를 이용해 광합성을 하면서 산소를 만들어 내 바닷물을 깨끗하게 하지요.

흔히 열대 우림을 지구의 허파라고 해요. 광합성을 해 산소를 많이 만들어 내기 때문이에요. 그런데 산호초는 같은 면적의 열대 우림보다 더 많은 산소를 만들어 낸답니다.

하지만 안타깝게도 산호초들이 점점 사라지고 있어요. 바닷물이 오염되면서 바닷속 미생물들과 조류들이 급격하게 사라져 산호초가 황폐해졌기 때문이지요. 심지어 무분별한 개발로 산호초가 자취도 없이 사라지기도 한답니다.

자포동물

자포동물은 자포(刺胞 쏠 자, 세포 포)라는 쏘는 기관이 있는 동물로, 해파리, 히드라, 말미잘, 산호 등이 여기에 속합니다. 머리는 없고 속이 빈 자루처럼 생긴 강장(腔腸 빌 강, 내장 장)을 지니고 있어서 강장동물이라고도 합니다. 두 겹의 세포층으로 이루어진 강장은 먹이를 소화하는 일을 합니다. 강장에는 입이 하나 달려 있고, 입 근처에 자포가 있는 촉수가 있어서 그것으로 먹이를 잡습니다. 자포동물은 대부분 육식성으로 작은 새우와 같은 생물을 먹고 살며, 주변에 있는 조류로부터 포도당이나 산소 등을 얻어 살아갑니다. 또 입과 항문의 구분이 없어서, 입으로 들어온 먹이를 강장에서 소화하고 나면, 남은 배설물은 다시 입으로 나옵니다.

자포동물은 '플라눌라' 시기를 거쳐 자랍니다. 플라눌라는 일종의 애벌레라고 할 수 있습니다. 알과 정자가 만나 수정란이 되고, 이 수정란이 다시 섬모가 달린 플라눌라가 되지요. 플라눌라는 털처럼 짧고 가느다란 섬모로 기듯이 바닷속을 헤엄쳐 다닙니다. 플라눌라 시기가 지나면 원통 모양의 폴립이나 우산 모양의 에피라 시기를 거쳐 어른이 되지요. 종류에 따라 둘 다 거치기도 하고 번갈아 가며 거치기도 합니다.

말미잘

해파리

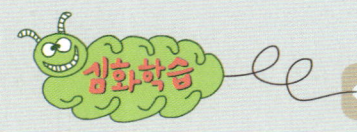

동물과 식물은 어떻게 구분할까?

살아 있는 생명체는 크게 동물과 식물로 나뉩니다. 흔히 움직이는 것은 동물이고 움직이지 못하는 것은 식물이라고 생각하지요. 하지만 그 구분이 생각처럼 쉽지만은 않습니다. 나무와 사자처럼 뚜렷이 구별되는 식물과 동물도 있지만 그렇지 않은 생물도 많으니까요.

좀 더 구체적으로 동물과 식물의 특징에 대해 알아볼까요?

광합성을 하는 식물

먼저 식물의 특징부터 살펴보면, 첫째로 식물은 햇빛과 물과 공기를 이용해 양분을 만들어 섭취합니다. 식물에 있는 엽록소로 광합성을 해서 필요한 영양분을 스스로 만들지요. 다음으로 식물은 평생 동안 계속해서 성장합니다. 동물은 그렇지 못하지요. 셋째로 식물의 세포는 셀룰로오스로 된 세포벽이 있어서 단단합니다. 넷째로 식물은 운동 기관이 없어서 동물처럼 자유롭게 움직이지 못합니다. 마지막으로 식물은 감각 기관이 없습니다.

다음으로 동물의 특징을 살펴보면, 일단 동물은 몸에 엽록소가 없어 살아가는 데 필요한 영양분을 스스로 만들 수 없습니다. 그래서 동물은 먹이를 통해 영양분을 얻습니다. 초식 동물은 식물을 먹고, 육식 동물은 다른 동물을 잡아먹습니다. 그래서 동물은 돌아다니며 먹이를 찾기 좋도록 다리와 날개, 지느러미 같은 운동 기관과 주위 환경을 보고 듣고 감지할 수 있는 감각 기관이 발달되어 있습니다. 또 동물의 세포는 대부분 세포벽이 없으며, 있더라도 식물과는 달리 질소 성분으로 이루어져 있습니다.

먹이를 통해 영양분을 얻는 동물들

그러나 앞서 말했듯이 식물과 동물의 구분이 항상 명확한 것은 아닙니다. 예를 들어 버섯은 균류에 속하는 생물로, 동물이 아니지만 식물도 아닙니다. 엽록소가 없어서 광합성을 하지 못하니까요. 예전에는 생김새 때문에 식물로 분류했지만, 요즘에는 버섯을 식물로 분류하지 않고 독립적으로 '균류'로 분류합니다.

버섯

또 식물과 동물의 성질을 모두 갖고 있는 생물도 있습니다. 연두벌레라고도 하는 유글레나는 식물처럼 엽록소를 가지고 광합성을 해서 스스로 영양분을 만들 수도 있고, 동물처럼 몸을 움직이고 빛에 반응하기도 합니다. 몸에 편모라는 긴 꼬리가 달려 있고, 이 꼬리와 몸이 연결되는 부분에 눈과 같은 기능을 하는 안점도 있지요. 유글레나는 꼬리를 이용해 몸을 움직이고, 안점으로 빛을 감지하여 빛에 반응합니다. 그래서 동물학자들은 유글레나를 편모충류로 분류하고 식물학자들은 유글레나를 편모조류로 분류합니다.

유글레나

유글레나처럼 아주 작은 생물들을 '미생물'이라고 하는데, 미생물 가운데는 식물과 동물의 성질을 모두 지녔거나, 식물도 아니고 동물도 아닌 것이 많습니다. 미생물의 종류와 수는 식물과 동물을 합친 것보다 훨씬 많습니다. 세균이나 바이러스, 하나의 세포로 된 원생동물, 해캄이나 한천 같은 조류, 곰팡이나 버섯 따위의 균류 등이 모두 여기에 속합니다. 이들은 어떤 때는 식물이나 동물로, 어떤 때는 미생물로 구분된답니다. 학자에 따라서는 조류는 식물로, 원생동물은 동물로 분류하기도 하지요.

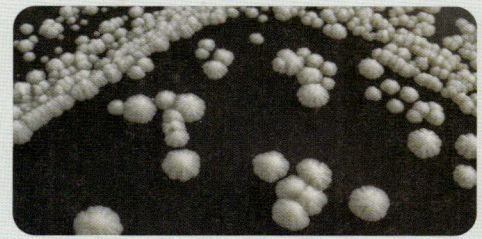
이스트균

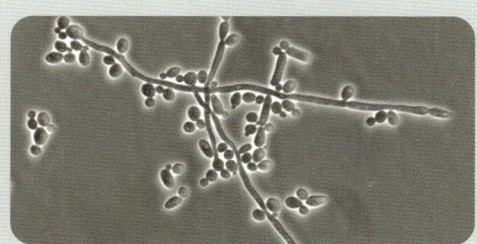
칸디다균

목구멍으로 숨을 쉬는 자라

허파만으로는 부족해요

대부분의 동물은 몸에 호흡을 담당하는 기관이 있어서, 그 기관으로 숨을 쉽니다. 사람을 비롯한 포유동물은 허파로 숨을 쉬고, 물고기는 아가미로 숨을 쉬지요. 악어나 거북, 뱀과 같은 파충류도 허파로 숨을 쉽니다.

하지만 자라는 파충류인데도 허파로만 숨을 쉬지는 않는답니다. 허파는 물론이고 목구멍으로도 숨을 쉬지요. 목구멍으로 숨을 쉬다니! 자라의 목 속에는 어떤 비밀이 있을까요?

물속에서 숨을 쉬기 위하여

자라는 강이나 호수에서 작은 물고기나 물속 곤충을 먹고 살아요. 알을 낳거나 햇볕을 쬘 때만 잠시 물 밖으로 나올 뿐 대부분의 시간을 물속에서 지내지요. 그런데 아가미를 가진 물고기가 물 밖으로 나오면 숨 쉬기가 힘들듯, 허파로 숨을 쉬는 동물이 물속에서 숨을 쉬기는 쉽지 않아요. 그래서 자라는 물속에서도 숨을 쉴 수 있도록 목구멍이 발달되었어요.

자라의 목구멍에는 특수한 조직들이 있어서 물속에서 필요한 산소를 얻을 수 있어요. 자라가 물속을 헤엄치며 입에 물을 머금으면, 목구멍 속에 있는 조직들이 물속에 있는 산소를 혈관 속으로 끌고 오는 것이지요.

나의 길을 가련다

허파를 가지고도 물속에서 사는 자라. 대부분의 원시 생물이 물에서 지내다가 오랜 진화의 과정을 거쳐 육지에 적응하여 살게 되었다는 사실을 생각해 보면, 자라는 다른 생물들과 반대의 길을 가고 있다고도 볼 수 있어요.

완전한 형태의 허파를 가지고 있는 것으로 보아, 자라는 예전에 육지 생활에 완전히 적응해서 살던 동물이라는 사실을 알 수 있어요. 그런 자라가 왜 물속으로 되돌아간 것일까요? 발달된 호흡 기관인 허파를 가지고 있으면서도 물속에서 지내기 위해 다른 기관을 발달시켜 가면서까지 말이죠. 정확한 이유는 알 수 없지만, 생존을 위한 자라의 전략인 것만은 틀림없어요.

자라와 거북은 어떻게 다를까?

　자라는 민물 거북의 한 종류로 거북과 생김새가 비슷하지만, 거북보다 등딱지가 부드럽습니다. 영어로는 softshell turtle('부드러운 껍질의 거북'이라는 뜻)이라고 하는데, 거북의 등딱지가 딱딱한 데 비해 자라의 등딱지는 질긴 가죽과 같은 느낌입니다.

　거북은 바다나 육지 등에 골고루 흩어져 살고, 자라는 연못이나 늪과 같은 민물에서만 삽니다. 거북은 바다거북을 제외하고는 대부분 육지와 물을 오가며 생활하지만, 자라는 알을 낳을 때만 육지로 나올 뿐 대부분 물속에서 지냅니다. 거북의 크기는 다양해서 10cm부터 2m가 넘는 것도 있는데, 자라는 아무리 커도 60cm 정도입니다.

　거북은 식물과 작은 동물을 먹고, 자라는 완전한 육식성으로 이빨이 제법 날카롭습니다. 거북은 느리고 순하지만, 자라는 동작이 빠르고 성질이 사나워서 난폭하고 물기를 잘하지요.

자라

거북

2부
친구들과 다른 몸을 가진 동물들

부리와 갈퀴를 지닌 포유동물, 오리너구리

상상의 동물이 아닙니다

수수께끼 하나 낼게요. 너구리 몸에, 발에는 물갈퀴가 있고, 오리 부리와 비버 꼬리를 지닌 동물은 무엇일까요?

용이나 해치 같은 상상의 동물이 아니냐고요? 아니에요. 공룡이나 매머드처럼 까마득한 옛날에 멸종된 동물도 아니고, 구미호나 유니콘처럼 이야기 속에나 나오는 동물도 아니에요. 현재 우리와 함께 살고 있는 동물이랍니다. 그 주인공은 바로 오리너구리예요.

오리너구리는 오스트레일리아의 동부 지역과 태즈메이니아 섬에서 살아요. 주로 호숫가나 강가에서 사는데, 물갈퀴가 달린 발로 물속을 헤엄쳐 다니며

비버 꼬리처럼 넓적한 꼬리로 방향을 조절하지요. 오리처럼 넓적한 부리로 먹이를 잡아먹고요.

여러 동물들을 합쳐 놓은 듯한 동물, 오리너구리. 오리너구리는 어떻게 이렇게 희한한 몸을 지니게 되었을까요?

알까지 낳는다고요?

오리너구리의 생김새를 찬찬히 살펴보면 궁금증이 생깁니다. 오리너구리는 과연 어떤 종류의 동물일까요? 오리처럼 넓적한 부리가 있으니 조류일까요? 물갈퀴와 발톱이 있으니 파충류일까요? 아니면 몸통이 너구리와 닮았으니 포유동물일까요?

정답은 포유동물입니다. 오리너구리는 다른 포유동물처럼 몸이 털로 뒤덮여 있고, 몸 안의 구조도 포유동물과 같아요. 새끼를 젖을 먹여서 키우고요. 하지만 희한한 몸의 주인답게 놀라운 사실이 하나 더 있습니다. 바로 알을 낳는다는 사실이에요.

포유동물은 새끼를 낳는데, 알을 낳다니! 고양이와 개가 알을 낳는다고 상상해 보세요. 도대체 포유동물인 오리너구리가 어떻게 알을 낳을까요?

오리너구리는 포유동물 가운데서도 단공류에 속해요. 단공류란 구멍이 하나인 동물이라는 뜻이지요. 오리너구리는 하나의 구멍으로 짝짓기도 하고 배설도 해요. 게다가 오리너구리는 자궁이 불완전해서 그 안에서 새끼를 키울 수 없어요. 그래서 오리너구리는 알을 만들어 자궁에서 18일 정도 품었다가 낳는답니다.

오리너구리의 알은 새알처럼 껍데기가 딱딱하지 않고 가죽처럼 부드럽고 끈적끈적해요. 낳은 지 10여 일이 지나면 알에서 새끼가 나와 어미의 젖을 먹고 자라요. 새끼 오리너구리는 부리 모양의 긴 입술로 젖을 먹는데, 어미에게 젖꼭지가 없기 때문에 가슴 부분에서 스며 나오는 젖을 빨아 먹지요.

생김새도 특이하니 살아가는 방법도 독특할 수밖에요!

오리너구리는 넓적한 부리로 진흙 속을 뒤져 먹이를 잡아먹어요. 오리너구리의 부리는 고무처럼 탄력이 있고 감각 기관이 발달되어 있어서 주위의 움직임을 잘 알아채고 먹이가 어디 있는지 쉽게 찾아내요. 부리 위쪽에 코가 있는데, 물속에 들어가면 물이 들어가지 않도록 콧구멍이 저절로 닫힌답니다.

사실 오리너구리가 먹이를 찾을 때는 시각(눈), 후각(코), 청각(귀)을 쓰지 않아요. 물에 들어갈 때는 눈, 코, 귀를 모두 닫고 부리로 먹이의 전기 신호를 감지해 사냥을 하지요. 오리너구리는 엄청난 양의 먹이를 먹어요. 갑각류나 지렁이, 올챙이 등의 먹이를 매일 자기 몸무게만큼씩 먹는답니다. 이따금 볼주머니에 먹이를 저장해 놓기도 하고요.

오리너구리의 발은 물갈퀴가 달려 있어 물에서 헤엄치기에 좋아요. 육지에 올라오면 물갈퀴가 뒤로 접혀서 걷는 데 방해가 되지 않고요. 그 덕분에 오리너구리는 물과 육지를 자유롭게 오가며 살 수 있지요.

오리너구리가 헤엄을 치는 데는 넓적한 꼬리도 중요한 역할을 해요. 마치 배의 키처럼 꼬리로 방향을 조절한답니다. 또 꼬리에 지방분을 모아 두었다가 먹이를 구하기 힘들 때 이용하기도 해요.

특이한 생김새답게 살아가는 방법도 독특한 오리너구리. 그래서 오리너구리는 동물학자들의 연구 대상이랍니다. 아직 밝혀지지 않은 수많은 비밀을 간직한 채 오리너구리는 오늘도 변함없이 꿋꿋하게 살아가고 있어요.

단공류가 품고 있는 진화의 비밀

단공류는 포유동물 가운데 가장 원시적인 동물입니다. 단공류에 속하는 동물은 오리너구리와 가시두더지뿐이며 오스트레일리아와 태즈메이니아 섬에서만 삽니다. 다른 포유동물은 배설을 하는 구멍과 생식을 하는 구멍이 따로 있는데, 단공류는 파충류나 조류처럼 배설을 하는 구멍과 생식을 하는 구멍이 같아 단공류(구멍이 하나)라는 이름을 갖게 되었습니다. 게다가 포유류와는 달리 알을 낳기 때문에, 처음 발견했을 당시 포유류인지 아닌지에 대해 논란이 많았습니다.

하지만 구멍이 하나인 것, 알을 낳는 것만 빼면 단공류는 다른 포유동물과 똑같습니다. 몸에 비해 뇌도 크고, 털과 젖샘, 가슴과 배를 나누는 횡격막도 있지요. 그래서 단공류를 파충류에서 포유류로 진화하는 중간 단계의 동물이라고 여기는 학자들이 있습니다. 반면, 200만 년 전에 발견된 오리너구리의 화석이 지금의 오리너구리와 거의 비슷한 모양인 것으로 미루어 보아, 단공류는 지금의 포유류와는 아예 다른 조상을 가진 동물이 아닐까 하고 추측하는 학자도 있지요. 어느 쪽인지는 아직 확실히 밝혀지지 않았지만, 단공류의 수수께끼를 풀 수 있다면 진화의 비밀을 또 한 가지 풀 수 있을 것입니다.

오리너구리

가시두더지

비늘이 없는 물고기, 메기

비늘을 대신하는 두꺼운 피부

포유동물에게 털이 있고 새에게 깃털이 있다면 물고기에게는 비늘이 있습니다. 포유동물이 털로, 새가 깃털로 몸을 보호하듯이 물고기는 비늘로 몸을 보호하고 세균이나 기생충의 공격도 막지요. 몸의 비늘은 물과의 마찰을 줄여 헤엄치는 데도 도움이 된답니다.

그런데 비늘이 없는 물고기가 있어요. 그 주인공은 바로 메기.

메기는 비늘 없이 어떻게 살아갈까요?

메기는 여느 물고기에 비해 피부가 무척 두껍고 끈적끈적한 점액으로 덮여 있어요. 이 미끌거리는 점액이 비늘이 없는 메기의 몸을 외부의 충격으로부터 보호하는 역할을 하지요. 그리고 비늘 없이도 세균이나 기생충의 공격을 물리칠 수 있어요. 세균과 기생충이 메기의 두꺼운 피부와 점액을 뚫고 들어가기란 하늘의 별 따기만큼이나 어려우니까요.

잠자는 물고기를 습격하는 무법자

　메기는 대개 연못이나 강 같은 민물에서 살아요. 입가에 고양이 수염 같은 수염이 있어 영어로는 '캣피시(catfish, 고양이물고기라는 뜻)'라고 불러요. 몸은 길쭉한 원통형인데 머리 부분은 가로로 납작하고, 꼬리 부분은 세로로 납작해요. 다 자라면 몸길이가 30~50cm쯤 되지요.

　메기는 혼자 다녀요. 낮에는 물풀 사이나 바위 밑에서 휴식을 취하다가 밤이 되면 슬슬 사냥에 나서지요. 메기는 눈이 나빠 촉각을 담당하는 수염으로 먹이를 찾아요. 주로 새우나 가재, 작은 물고기 따위를 잡아먹는데, 잠을 자는 물고기를 공격하는 경우도 많지요.

　메기는 5~7월에 짝짓기를 해요. 짝짓기를 한 암컷은 황록색의 알을 낳는데, 이때 수컷이 자신의 몸을 암컷의 몸에 감고 암컷의 배를 꾹 눌러 준답니다. 암컷이 좀 더 쉽게 알을 낳을 수 있게 하려고요.

장수하는 물고기

두꺼운 피부와 점액으로 세균과 기생충을 막는 메기. 하지만 물속에는 세균이나 기생충 말고도 메기의 목숨을 노리는 큰 물고기가 많아요. 이런 적들은 어떻게 물리칠까요?

메기는 가시로 적을 물리쳐요. 메기의 등지느러미와 가슴지느러미 끝에는

독이 있는 튼튼하고 날카로운 가시가 달려 있어요. 가시 덕분에 제아무리 뛰어난 물속 사냥꾼도 메기 앞에서는 함부로 날뛰지 못하지요.

강이나 바다에서 물고기가 한가롭게 헤엄치는 모습은 무척 평화로워 보여요. 하지만 동물의 세계가 그렇듯, 물속에도 많은 위험이 도사리고 있지요. 작은 세균에서부터 큰 물고기에 이르기까지 크고 작은 수많은 적으로부터 공격을 받으니까요. 설령 적의 공격에 시달리지 않는다고 해도 물고기는 오래 살지 못해요. 작은 물고기는 기껏해야 1~3년 살고, 큰 물고기는 20년쯤 살지요.

그런데 메기는 먹이가 풍부하고 적이 없으면, 60년까지도 거뜬히 산다고 해요. 다른 물고기의 세 배 이상 살 수 있다니, 정말 대단한 장수 물고기죠?

물고기의 다양한 비늘

물고기의 비늘은 피부 깊숙한 곳에서 특수한 물질이 나와서 만들어지는데, 포유류의 뼈나 이빨과 비슷한 성분으로 이루어져 있습니다. 비늘의 종류에는 크게 방패 비늘, 굳비늘, 둥근비늘, 빗비늘 등 네 가지가 있습니다.

방패 비늘은 상어나 가오리 등에서 볼 수 있는 이빨 모양의 비늘로 몸 표면에 뾰족뾰족하게 나 있습니다. 굳비늘은 철갑상어류에서 볼 수 있는 마름모꼴의 단단한 비늘로 갑옷 역할을 하는 비늘입니다. 그래서 철갑상어류는 어지간한 충격에도 상처를 입지 않지요.

정어리나 꽁치 등에서 볼 수 있는 둥근비늘은 다른 종류의 비늘보다 크기가 크고 나이가 들면 나이테처럼 둥근 무늬가 생깁니다. 빗비늘은 둥근비늘과 모양이 비슷하지만 한쪽 끝이 톱니나 빗살처럼 뾰족하게 되어 있습니다. 도미나 농어 등에서 볼 수 있지요.

농어(빗비늘)

도미(빗비늘)

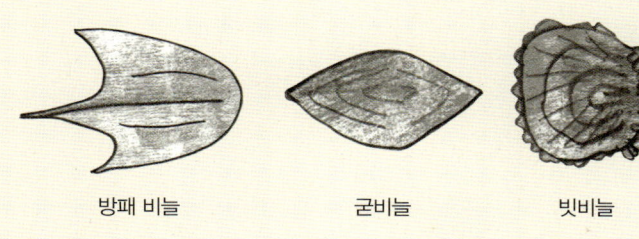
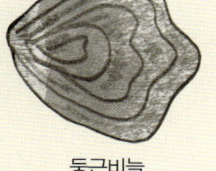

방패 비늘　　굳비늘　　빗비늘　　둥근비늘

정어리(둥근비늘)

철갑상어(굳비늘)

상어(방패 비늘)

껍데기 없는 달팽이, 민달팽이

달팽이를 보호해 주는 껍데기

흐린 날 아침, 이슬에 촉촉이 젖은 풀밭에 가 보면 달팽이들이 꼼틀꼼틀 기어 다니는 걸 볼 수 있어요. 등에 단단한 껍데기를 지고 다니는 달팽이. 손가락으로 달팽이를 건드리면, 달팽이는 껍데기 안으로 쏙 숨지요.

달팽이의 껍데기는 어떻게 생길까요?

달팽이는 태어날 때부터 껍데기를 가지고 있어요. 이 껍데기는 달팽이의 몸을 싸고 있는 외투막에서 만들어지지요. 외투막은 조개나 달팽이의 피부를 덮고 있는 부드러운 덮개랍니다. 주로 끈끈한 액체를 내보내 달팽이의 몸을 보호하고 움직이기 쉽게 도와주는 역할을 해요. 이 외투막에서 나온 특이한 성분이 석회를 만들어 내고, 이 석회가 굳어서 달팽이의 딱딱한 껍데기가 된답니다.

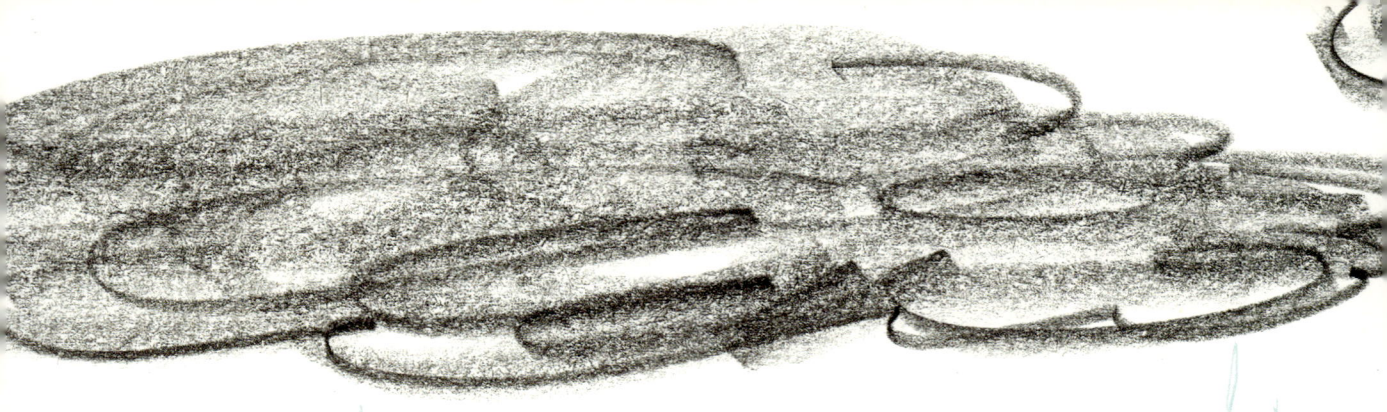

　달팽이는 뼈가 없고 온통 물렁물렁한 살뿐이에요. 하지만 물렁한 몸을 둘러싸고 있는 외투막과 등에 지고 다니는 껍데기가 있어서 걱정이 없어요. 껍데기는 달팽이의 연한 몸을 감싸서 달팽이가 숨을 곳을 마련해 주고, 적들의 공격으로부터 보호해 줘요. 또 외투막이 바싹 마르지 않게 해 준답니다. 달팽이는 외투막에 퍼져 있는 모세 혈관으로 숨을 쉬는데, 외투막이 말라 버리면 숨을 쉬기가 어렵거든요. 달팽이의 연한 몸을 감싸고 보호해 주는 고마운 옷, 껍데기. 그런데 껍데기가 없는 달팽이가 있어요. 바로 민달팽이랍니다.

비록 껍데기가 없어도

　껍데기가 없는 연한 갈색의 민달팽이는 낮에는 돌 밑이나 흙 속에 숨어 있다가 밤이 되면 밖으로 나와요. 곰팡이나 썩은 잎을 먹는 종류도 있고 육식성 민달팽이도 있어요. 우리나라에 사는 민달팽이들은 주로 식물의 잎을 갉아 먹

고 살아요. 민달팽이는 우리 주변에서 흔히 볼 수 있어요. 집에서 기르는 화초나 우리가 먹는 상추 같은 채소에서도 찾아볼 수 있지요.

　민달팽이도 달팽이와 마찬가지로 뿔처럼 생긴 더듬이가 두 쌍 있어요. 앞에 있는 작은 더듬이 한 쌍에는 코가, 뒤에 있는 큰 더듬이 한 쌍에는 눈이 있지요. 이처럼 민달팽이는 껍데기만 없을 뿐 달팽이와 비슷해요.

　껍데기가 없는 민달팽이는 어떻게 살아갈까요?

　껍데기가 있으면 몸을 보호할 수 있는 대신 빨리 움직이지 못해요. 달팽이의 껍데기는 달팽이의 몸집에 비해 제법 크고 무거워요. 등에 무거운 집을 지고 있으니 달팽이는 느릿느릿 움직일 수밖에 없지요. 그에 비해 껍데기가 없는 민달팽이는 훨씬 날렵하게 움직여요. 적이 나타나면 껍데기 속으로 숨는 대신 재빨리 몸을 피할 수 있지요.

　하지만 껍데기가 없으면 몸에 상처를 입지 않을까요?

몸이 마르면 살 수 없어요

다행히 민달팽이도 달팽이처럼 외투막에서 끈적끈적한 액체가 흘러나와 몸을 감싸 주기 때문에 흙 속으로 파고들어도, 거친 돌 밑을 지나가도 쉽게 상처를 입지 않아요. 사실 민달팽이는 몸에 상처가 나는 것보다 몸이 쉽게 마르기 때문에 더 큰 어려움을 겪지요.

민달팽이도 껍데기가 있는 달팽이처럼 외투막에 그물처럼 퍼져 있는 모세혈관으로 숨을 쉬어요. 그렇기 때문에 항상 몸이 축축하게 젖어 있어야 숨을 쉴 수 있어요. 몸이 마르면 숨을 쉬지 못해 목숨을 잃게 되지요. 껍데기가 있는 달팽이들은 날이 가물면 껍데기 속에 들어가 몸에서 흘러나오는 액체로 입구를 막고 몸이 마르지 않게 하지만, 민달팽이는 몸을 숨길 껍데기가 없어요. 그래서 민달팽이는 늘 어둡고 축축한 곳에서만 살고, 주로 밤에 돌아다녀요. 또 비가 오는 날이나 습기가 많은 날에만 바깥나들이를 한답니다.

달팽이 껍데기의 비밀

달팽이의 껍데기는 외투막에서 만들어집니다. 달팽이의 외투막 세포는 인산칼슘을 내뿜는데 여기서 석회가 만들어지고, 석회는 주변에 있는 탄산(물에 녹은 이산화탄소)과 만나 탄산칼슘 결정이 되지요. 이것이 달팽이의 껍데기를 이루는 주성분입니다.

달팽이 껍데기가 아무렇게나 만들어지는 건 아닙니다. 콘키올린이라는 단백질 성분 덕분에 원래 있던 껍데기 위에 탄산칼슘 결정이 일정한 모양을 이루면서 규칙적으로 붙어 나가지요. 그래서 달팽이 껍데기는 나선 모양으로 자랍니다.

껍데기는 환경에 따라서도 달라집니다. 영양이 풍부한 시기에 만들어진 껍데기는 튼튼하고, 그렇지 않은 시기에 만들어진 껍데기는 얇지요. 마치 나무의 나이테처럼 껍데기를 보면 달팽이가 어떤 환경에서 어떻게 자랐는지 알 수 있습니다.

껍데기를 지닌 달팽이

폐가 있는 물고기, 폐어

공기 중에서 숨을 쉬는 물고기

물에 빠진 사람이 허우적거리는 것은 물속에서 숨을 쉴 수 없기 때문이에요. 사람의 폐는 공기 중의 산소를 들이마시고 이산화탄소를 내보내는 역할을 하는데, 물속에서는 그럴 수 없으니까요.

마찬가지로 물고기는 공기 중에서 숨을 쉴 수 없어요. 물고기의 호흡 기관은 아가미인데, 아가미는 물속에서는 호흡 작용을 할 수 있지만 공기 중에서는 할 수 없기 때문이지요.

그런데 공기 중에서 숨을 쉴 수 있는 물고기가 있어요. 그 괴짜는 바로 폐어랍니다.

폐어는 아프리카나 남아메리카, 오스트레일리아의 늪지대에서 살고 뱀장어처럼 몸이 가늘고 길어요. 얕은 진흙탕에 몸을 숨기고 있다가 가끔씩 물 밖으로 입을 내밀어 숨을 쉬곤 하지요. 작은 물고기나 새우 등을 잡아먹고 사는데,

시력이 별로 좋지 않아서 냄새로 먹이를 찾아요. 먹이를 찾아내면 채찍처럼 생긴 가슴지느러미와 배지느러미를 더듬이처럼 이용해 먹이를 잡지요.

폐어가 공기 중에서 숨을 쉴 수 있는 것은 공기 호흡을 할 수 있는 기관인 폐가 있기 때문이에요. 그래서 이름도 '폐어'랍니다.

아가미 대신 폐를 갖게 되었어요

물고기한테 어떻게 폐가 생기게 되었을까요?

폐어의 폐는 '부레'가 변한 거예요. 부레는 물고기가 물속에서 뜨거나 가라앉게 해 주는 공기주머니예요. 이 부레에 모세 혈관이 발달되어 폐처럼 이용하게 된 거지요. 폐어가 공기 중에서도 숨을 쉴 수 있는 것은, 정확하게 말하자면 이 모세 혈관 덕분입니다. 폐어가 숨을 들이쉬어 폐로 공기가 들어가면, 모세 혈관에서 산소는 흡수하고 이산화탄소는 내보내지요.

폐어의 폐는 포유동물의 폐 못지않게 구조가 정교해요. 작은 공기주머니가 셀 수 없이 많아서 공기와 모세 혈관이 닿을 수 있는 면적이 넓지요. 그 덕분에 한두 번만 뻐끔거려도 혈액에 많은 산소를 공급할 수 있답니다.

폐어가 사는 늪은 물이 고여 있는 데다가 진흙탕이라 산소가 부족하기 때문에 물속에서 숨을 쉬기가 어려워요. 게다가 아프리카와 남아메리카는 건기가

되면 늪이 말라 버려, 물고기가 살아가기가 더욱 어렵지요. 그 때문에 아프리카와 남아메리카에 사는 폐어는 건기가 되면 아예 진흙 속으로 들어가 잠을 잔답니다. 공기가 통할 수 있는 구멍을 만들어 놓고 여름잠을 자는 거예요. 이런 상태로 몸만 마르지 않는다면, 아무것도 먹지 않고 길게는 몇 년까지도 버틸 수 있대요!

물과 산소가 부족한 환경에서 살아가는 폐어. 그러다 보니 폐어들은 아가미로는 호흡하지 않고 폐로만 숨을 쉬게 되었어요. 심지어 아프리카와 남아메리카의 폐어는 아가미가 아예 사라져 버렸답니다.

살아 있는 화석, 폐어

아주 오랜 옛날, 고생대 말부터 중생대에 걸쳐 지구 곳곳에서 수많은 종류의 폐어들이 살았습니다. 그래서 전 세계 어디에서나 폐어의 화석이 발견되곤 하지요. 하지만 지금은 대부분 멸종되고 6종만 남아 있습니다.

데본기 폐어 화석

폐어는 약 2억 2500만 년 전의 모습을 그대로 유지하고 있어 그 당시 원시 생물의 모습을 엿볼 수 있습니다. 그래서 폐어를 살아 있는 화석이라고 합니다.

그뿐만 아니라, 모세 혈관이 들어찬 폐어의 원시적인 폐는 물에서 살던 동물들이 어떻게 뭍으로 올라와 살게 되었는지를 밝혀 주는 중요한 열쇠입니다. 이 비밀을 밝히기 위해 많은 과학자가 폐로 숨을 쉬는 폐어를 연구하고 있습니다.

폐어

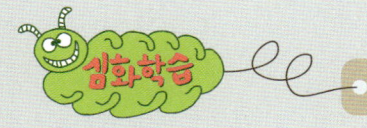

진화란 무엇일까?

현재 지구 상에는 수많은 생명체가 살고 있습니다. 오랜 세월 동안 과학자들은 그 많은 생물이 언제 어떻게 생겨났는지를 연구했습니다.

생물들 가운데는 폐어나 바퀴벌레처럼 수억 년 전 모습을 그대로 간직한 채 살아가는 동물도 있지만, 개나 말처럼 오랜 세월 동안 서서히 모습이 변하여 지금에 이른 경우도 있습니다. 물론 사람이 속한 영장류처럼 수억 년 전에는 지구 상에 살지 않았고 불과 몇 천만 년 전에 생겨난 동물도 있지요.

이처럼 생물이 여러 세대를 거치며 점차 변화하는 것을 '진화'라고 합니다. 또 진화를 통해 수많은 생명들이 태어났다고 여기는 이론을 '진화론'이라고 하지요.

진화론에 따르면, 지구 상의 모든 생명체는 원래 하나의 조상에서 출발했으며, 오랜 세월에 걸쳐 진화하면서 그 종류가 나누어져 오늘날의 다양한 생물체가 생겨났다고 합니다. 폐어나 개나 말뿐 아니라, 꽃과 나무의 조상도 모두 하나로, 모든 생물 종은 '진화'라는 자연법칙에 따라 다양하게 진화해 왔다는 것이지요.

진화론에서는 생물이 진화를 하는 이유를 크게 세 가지로 이야기합니다.

첫째는 '변이'입니다. 변이란, 펭귄의 날개가 헤엄치기 좋도록 지느러미로 변하거나 말의 발가락이 달리기 좋은 하나의 발굽으로 변한 것처럼 생물이 주위 환경에 적응하여 변하는 것을 말합니다.

지느러미로 변한 펭귄의 날개

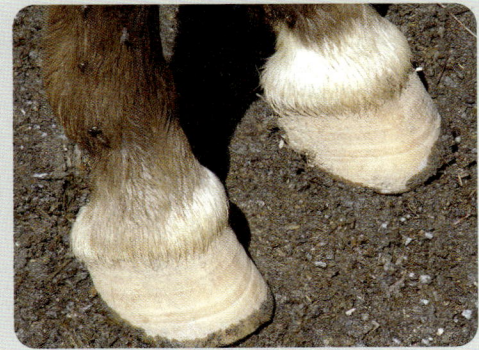

발가락이 하나의 발굽으로 변한 말

둘째는 '유전'입니다. 유전은 뾰족한 부리를 가진 벌새가 낳은 알에서는 뾰족한 부리를 가진 새끼 벌새가 나오는 것처럼 생물체의 특성을 후손에게 물려주는 것을 말합니다.

셋째는 '생존 경쟁'입니다. 아프리카 초원에 사는 치타와 영양은 서로 먹고 먹히는 생존 경쟁 속에서 점점 더 달리기 속도가 빨라졌는데, 만약 이 경쟁에서 뒤처진다면 그 동물은 결국 멸종한다는 것입니다. 자연 속에서는 서로 먹고 먹히는 관계뿐 아니라, 먹이나 살 곳을 두고도 항상 경쟁이 일어납니다. 그런 환경에 적응하기 쉬운 종이 살아남아 더 많은 종을 남김으로써 결국 종의 변화, 진화가 일어난다는 것입니다. 이 과정은 수십억 년의 세월 동안 아주 천천히 진행되었고, 지금도 진행 중입니다.

뾰족한 부리를 지닌 벌새 가족

먹고 먹히는 생존 경쟁에 놓여 있는 치타와 영양

생물이 진화했다는 증거는 많은데, 그 가운데 가장 대표적인 것은 화석입니다. 35억 년 된 암석에서는 아주 원시적인 생물들만 발견되었습니다. 세균이나 남조류와 같은 미생물들이지요. 그다음 시대의 암석에서 발견된 동물 화석은 모양은 조금씩 다르지만 곤충과 비슷한 형태였습니다. 이후 시대의 암석들에서는 물속에 있던 생물에서 분화된 양서류 등의 화석이 발견되었지요. 또 화석을 통해 최초의 척추동물은 4억 년 전에, 최초의 포유류는 2억 년 전에 나타났다는 것도 증명되었습니다. 즉, 태초의 공통 조상 생물에서 여러 형태의 생물이 갈라져 나왔다는 것을 알 수 있지요.

진화론이 본격적으로 이야기된 것은 1859년에 찰스 다윈이 《종의 기원》이라는 책을 내면서부터입니다. 진화론은 당시 교회로부터 많은 비판을 받았지만 이후에 유전학을 연구한 멘델을 비롯하여 많은 학자의 지지를 얻었습니다. 그리고 분자 생물학과 지구 과학 등의 연구를 통해 진화의 개념은 이론에서 사실로 입증되고 있습니다. 세균에서 시작해서 식물, 동물에 이르기까지 DNA 구조가 거의 비슷하다는 것이 밝혀지면서 진화론은 더욱 확고한 이론으로 자리를 잡았습니다.

진화의 비밀을 밝혀 준 화석

혹 없는 낙타, 라마

가파른 산을 오르내리는 진귀한 동물

해발 2,300m가 넘는 남아메리카의 고원 지대에 가면 진귀한 동물을 볼 수 있어요. 바로 등에 짐을 잔뜩 싣고 가파른 산을 오르내리는 '안데스의 발', 라마예요.

아직 라마가 세상에 알려지지 않았을 때, 남아메리카에 와서 라마를 처음 본 사람들은 고개를 갸우뚱거렸지요. 다리와 목은 말처럼 긴데, 사슴처럼 생긴 몸은 북슬북슬한 털로 뒤덮여 있는 동물이라니! 귀는 길고 뾰족해서 언뜻 보면 염소 같기도 하고, 귀찮게 하면 으르렁거리는 모습은 고집 센 당나귀 같기도 했지요.

난생처음 보는 이 동물의 정체가 뭘까? 숱한 연구 끝에 그 비밀이 풀리자, 모두들 깜짝 놀랐어요. 혹도 없는 이 동물이 바로 낙타의 한 종류였기 때문이에요.

낙타는 등에 혹이 있지만 라마는 없어요. 낙타와 라마는 사는 곳도 달라요. 낙타는 아시아와 아프리카의 건조한 사막 지대에서 살고, 라마는 남아메리카의 고원 지대에서 살지요. 그런데 이 두 동물이 어떻게 같은 과의 동물일 수 있을까요?

입술도 걸음걸이도 낙타와 닮았어요

낙타의 가장 큰 특징은 윗입술 한복판이 세로로 찢어져 있고, 걸을 때 같은 쪽의 두 다리를 함께 든다는 점이에요. 그런데 라마도 입술 모양이 낙타와 비슷하고, 걸을 때도 낙타처럼 걷는답니다. 그뿐만 아니라 낙타처럼 발가락이 2개이며 먹은 것을 되새김질해요. 특이한 다리 구조 때문에 쉴 때면 무릎을 꿇는 것도 낙타와 똑같지요. 이처럼 라마는 등에 혹만 없을 뿐 낙타와 비슷한 점이 많아요.

하지만 같은 낙타과 동물인데 왜 라마는 혹이 없을까요?

낙타와 라마는 같은 조상에 뿌리를 두고 있어요. 조상으로 여기는 동물은 기원전 4천만 년 전에 아메리카 대륙에서 살았는데, 약 200만~300만 년 전에 아시아와 남아메리카로 흩어졌어요. 이때 아시아로 가서 사막 주변 지역에 살게 된 것이 지금의 낙타이고, 남아메리카로 가서 고원 지대에 살게 된 것이 지금의 라마랍니다.

낙타는 사막 주변 지역에서 풀을 먹고 살아요. 낙타가 사는 곳은 완전한 모래사막은 아니어서 이따금 비도 조금씩 오고 풀과 나무도 자라지요. 하지만 늘 배불리 먹을 수 있을 만큼 먹이가 풍부하지는 않답니다. 그래서 낙타에게 발달한 것이 혹이에요. 늘 먹이를 구할 수 있는 환경이 아니기 때문에 먹을 수 있을 때 맘껏 먹어 양분을 혹에 모아 두는 것이지요.

라마는 낙타와 달리 남아메리카의 고원 지대에 살아요. 안데스 산지를 중심으로 한 남아메리카의 고원 지대는 비가 많이 오지 않고 높이에 따라 기온의 차이가 심해서 먹이가 풍부하지는 않아요. 그래서 라마도 낙타처럼 갈증도 잘 참고, 어떤 풀이든 가리지 않고 잘 먹지요. 라마가 사는 곳도 살아가기 힘겨운 곳이긴 하지만 낙타가 사는 사막 지대보다는 훨씬 낫지요. 낙타처럼 며칠씩 물과 먹이를 얻지 못해 혹을 달고 다닐 정도는 아니랍니다. 오히려 라마는 혹이 없는 편이 나아요. 돌이 많고 경사가 심한 산을 오르내려야 하니만큼 양분을 저장할 혹이 있는 것보다는 몸이 가벼운 것이 더 좋으니까요.

사막과 고원 지대를 누비는 낙타와 라마

　낙타와 라마는 비슷한 점이 또 있어요. 바로 사람과 함께 살며 사람을 돕는다는 점이에요. 낙타와 라마가 사는 곳은 동물뿐 아니라, 사람이 살아가기에도 무척이나 힘겨운 곳이에요. 그곳에서 낙타와 라마는 사람과 물건을 실어 나르는 일을 합니다. 낙타는 메마른 사막을 오가며 사람과 물건을 실어 나르는 '사막의 배' 역할을 하고, 라마는 가파른 안데스 산맥을 오가며 사람과 물건을 실어 나르는 '안데스의 발' 역할을 하지요. 낙타와 라마가 험한 기후에 적응하여 살아남은 덕분에, 사람들도 오랜 세월 낙타와 라마의 도움을 받으며 척박한 곳에서 살 수 있었답니다.

낙타 혹에 대한 오해

흔히 낙타는 모두 혹이 두 개라고 생각하는데, 혹이 한 개인 낙타도 있습니다. 혹이 하나인 낙타를 단봉낙타, 혹이 둘인 낙타를 쌍봉낙타라고 하지요. 놀라운 사실은 전체 낙타의 90%가 단봉낙타로, 쌍봉낙타보다 단봉낙타가 훨씬 많다는 점입니다.

낙타 혹에 대한 또 한 가지 오해는 혹에 물이 들어 있다고 생각하는 것입니다. 낙타의 혹에는 물이 아니라 지방이 들어 있습니다. 오랫동안 물을 마시지 못할 경우에는 이 지방을 분해하여 물과 영양분을 섭취하지요. 낙타의 혹은 항상 크기가 같지는 않습니다. 낙타의 영양 상태에 따라 혹의 크기가 달라지니까요. 몸에 양분이 많을 때는 혹이 커지고, 그렇지 않을 때는 작아집니다. 잘 먹고 푹 쉰 뒤 사막 여행을 시작할 때는 건강한 상태여서 혹이 크지만, 며칠 동안 사막을 걸으며 물과 먹이를 조금밖에 섭취하지 못하면 혹이 점점 줄어들지요.

단봉낙타

쌍봉낙타

다리가 없는 도마뱀, 유럽무족도마뱀

후유, 뱀인 줄 알았네

길고 가느다랗고 미끈한 몸으로 돌 틈을 빠져나가는 동물을 본다면? 누구나 당연히 뱀이라고 생각할 거예요. 하지만 뱀이 아닐 수도 있습니다. 어쩌면 느릿느릿 움직여서 굼벵이무족도마뱀이라고도 불리는 유럽무족도마뱀일지도 몰라요!

유럽무족도마뱀은 이름처럼 '무족(無足)', 그러니까 다리가 없는 도마뱀이에요. 다리가 없으니 뱀처럼 기어 다니고, 그래서 뱀으로 오해를 받지요. 유럽무족도마뱀은 돌 밑이나 돌 틈에 사는 달팽이나 민달팽이 같은 것을 먹고 사는데, 좁은 틈을 지나다니다 보니 점차 다리가 퇴화되어 사라지고 말았어요. 지금은 허리 부분에 다리가 있던 흔적만 남아 있지요.

뱀일까, 도마뱀일까

다리도 없는데 왜 도마뱀이냐고요? 그냥 뱀이라고 해야 하지 않을까요? 하

지만 그럴 수는 없습니다. 뱀과 도마뱀은 다리가 있고 없다는 차이 말고도 차이점이 많으니까요.

첫째, 뱀은 눈꺼풀이 없지만, 도마뱀은 눈꺼풀이 있어서 눈을 깜박일 수 있어요. 도마뱀의 눈꺼풀은 아래쪽에 있어서 사람과 반대 방향으로 눈을 깜박인답니다. 물론 유럽무족도마뱀도 눈꺼풀이 있지요.

둘째, 도마뱀은 귀가 밖으로 드러나 있지만 뱀은 밖으로 드러나 있지 않아요.

셋째, 뱀은 입을 크게 벌릴 수 있어서, 자기 몸보다 큰 먹이도 얼마든지 먹을 수 있어요. 하지만 도마뱀은 뱀만큼 입을 크게 벌릴 수 없어서 비교적 작은 동물들을 잡아먹는답니다. 유럽무족도마뱀도 민달팽이 같은 작은 동물들을 잡아먹고 살지요.

이처럼 유럽무족도마뱀은 다른 도마뱀들과 크게 다르지 않아요. 눈꺼풀도 있고, 귀도 밖으로 드러나 있고, 심지어 적이 공격하면 꼬리를 자르고 달아나는 것까지 다른 도마뱀과 똑같지요. 비록 다리가 없어서 뱀처럼 기어 다니긴 하지만, 유럽무족도마뱀도 엄연한 도마뱀이랍니다!

도마뱀은 어떻게 꼬리를 끊고 달아날까?

대부분의 도마뱀은 적이 나타나거나 도망갈 곳이 없으면 꼬리를 끊고 달아납니다. 꼬리가 아깝긴 하겠지만 죽는 것보다는 꼬리를 잃는 편이 더 나으니까요. 어떤 도마뱀은 꼬리를 끊기 전에 일단 꼬리를 흔들어서 적을 혼란시키기도 합니다. 그래도 안 되면 최후의 방법으로 꼬리를 끊지요.

도마뱀의 꼬리뼈에는 꼬리가 끊어질 때를 대비하여 군데군데 금이 가 있습니다. 꼬리를 잡히면 금이 간 부분의 뼈가 끊어지면서 근육이 재빨리 오그라들어 꼬리가 말끔하게 끊어지지요. 끊어진 꼬리는 잘려 나간 후에도 몇 분 동안 꼬물꼬물 움직이며 적의 주의를 끌기 때문에 도망칠 수 있는 시간을 벌 수 있습니다.

도마뱀의 꼬리는 6~8개월 정도 지나면 다시 자라납니다. 하지만 새로 자란 꼬리 안에는 꼬리뼈가 없고 둥그런 관 모양의 연골만 있습니다. 한 번 꼬리를 잘랐던 도마뱀이라도 적이 나타나면 꼬리를 다시 끊을 수 있습니다. 이때에도 꼬리뼈에 금이 가 있는 부분에서만 자를 수 있지요.

언뜻 보기에는 도마뱀이 꼬리를 쉽게 자르는 것 같지만, 꼬리를 자르는 것은 도마뱀에게 큰일입니다. 도마뱀들은 보통 먹이를 구하기 어려운 때를 대비해 꼬리에 영양분을 저장해 두니까요. 그러니 꼬리만 잃는 것이 아니라 비상식량까지 잃어버리는 셈입니다.

혀 없는 개구리, 피파개구리

볼품없어 보이는 작은 앞발이지만

개구리가 사냥하는 모습을 본 적이 있나요? 개구리는 풀숲에 웅크리고 있다가 곤충이나 작은 동물이 다가오면 긴 혀를 쭉 내밀어 날쌔게 먹이를 채서 입으로 가져가요. 어찌나 빠른지 날아가는 파리도 순식간에 낚아채지요. 이처럼 혀는 개구리에게 먹이를 사냥하는 가장 중요한 무기예요.

그런데 혀가 없는 개구리가 있습니다. 바로 '피파개구리'예요. 혀가 없는데 어떻게 사냥을 하냐고요? 비법은 바로 앞발에 있어요.

피파개구리는 앞다리가 짧고 앞발에 물갈퀴가 없어요. 얼핏 보면 볼품없어 보이지만 이 작은 앞발이 중요한 일을 한답니다. 앞발에는 길쭉한 발가락이 네 개 있는데, 발가락 끝에 별처럼 생긴 작은 돌기가 있어요. 그 덕분에 피파개구리는 발가락 끝으로 먹이를 찾아낼 수 있어요. 그뿐만 아니라 이 놀라운 앞발로 먹이도 낚아챈답니다. 앞발이 곤충의 더듬이, 다른 개구리의 혀와 같은 역할을 모두 하는 거죠.

피파개구리는 진흙에 웅크린 채 먹이가 다가오기를 기다리다가 작은 물고기나 곤충이 다가오면, 손으로 물건을 움켜쥐듯 앞발로 먹이를 확 움켜쥔 다음 입으로 가져가요. 어디 그뿐인가요? 곤충의 더듬이처럼 민감한 앞발 덕분에 피파개구리는 앞이 보이지 않는 흙탕물 속에서도 먹이를 사냥할 수 있어요. 앞발 돌기 부분은 촉각이 발달되어 있어 뿌연 흙탕물 속에서도 얼마든지 먹이의 위치를 알아낼 수 있거든요.

그런데 피파개구리는 앞발로 사냥을 한다는 점 말고도 또 한 가지 놀라운 점이 있어요. 바로 알을 등에 업고 다닌다는 점이에요.

알을 업고 다니다니! 피파개구리가 어떻게 알을 키우는지 알아볼까요?

어미의 등 주머니에서 자라는 올챙이

피파개구리는 남아메리카의 아마존 강이나 오리노코 강 부근에서 살아요. 다 자라면 몸길이가 20cm 정도 되니까, 개구리 중에서도 조금 큰 축에 들지요. 하지만 몸은 여느 개구리보다 납작해요. 언뜻 보면 나뭇잎으로 착각할 정도예요. 피파개구리는 이 납작한 몸으로 강가의 진흙 속으로 쉽게 파고들 수 있어요. 또 몸 색깔이 진흙과 비슷한 흑갈색에 가까워 진흙 밭에 앉아 있으면 눈에 잘 띄지 않지요. 그 덕분에 적의 공격을 피하기도 쉽고, 먹이를 사냥하기도 쉽답니다.

개구리는 대개 얕은 물웅덩이에 알을 낳아요. 알에서 깬 올챙이는 개구리로 자라나고요. 하지만 알과 올챙이 시절에는 물에 사는 다른 동물들에게 잡아먹힐 위험이 커요. 그래서 피파개구리는 알을 물속에 두지 않아요. 암컷이 알을 낳으면, 수컷이 알을 수정시켜 암컷의 등에 붙여 놓지요. 그러면 암컷의 등에 있는 알 주변의 피부가 주머니처럼 부풀어 올라 알을 감싸요.

다른 개구리의 올챙이들은 알에서 깬 뒤 바로 물속을 헤엄쳐 다니지만, 피파개구리는 올챙이 시절도 어미의 피부 주머니 속에서 보내요. 거기서 2cm 정도 될 때까지 자라 완전한 개구리 모습을 갖춘 뒤에야 주머니 밖으로 나오지요. 어미의 보호 속에서 안전하게 어린 시절을 보내고 스스로 지킬 힘을 얻은 다음에 세상에 나오는 거예요.

혀가 없어도 꿋꿋하게 살아요

기다란 혀 대신 놀라운 앞발로 사냥을 하는 피파개구리. 피파개구리는 다른 개구리들과 몸 구조가 다르기에 살아가는 방법도 다른 점이 많아요. 앞발에 물갈퀴가 없기 때문에 여느 개구리보다 큰 물갈퀴가 달린 뒷다리로 헤엄쳐 다니지요. 또 혀만 없는 것이 아니라 고막도 없어서 다른 개구리처럼 짝짓기를 할 때 울음소리를 내지 않아요. 그 대신 목구멍을 울려서 나오는 날카로운 소리로 공기를 진동시켜 짝을 부른답니다.

개구리의 한살이

개구리는 알에서 깨 올챙이 기간을 거쳐 어른 개구리가 됩니다. 개구리뿐만 아니라 두꺼비와 맹꽁이도 올챙이 시절을 거치는데, 올챙이 때는 두꺼비와 맹꽁이와 개구리의 모습이 거의 비슷합니다.

개구리가 탄력이 있는 말랑한 알을 낳고, 3~7일이 지나면 알에서 올챙이가 깹니다. 올챙이는 주로 조류를 먹고 자라며, 꼬리를 이용해 헤엄치고, 물고기처럼 아가미로 숨을 쉬는데, 시간이 지나면서 겉아가미가 사라지고 속아가미가 생겨납니다. 6주 정도 지나면 뒷다리가 먼저 생기고 머리 모양이 뚜렷이 드러납니다. 9주가 지나면 앞다리가 자라며 꼬리가 점점 짧아집니다. 보통 12~16주 정도 지나면 어른 개구리가 되지만 주위 환경에 따라 기간이 달라지기도 합니다. 추운 계절에 깬 올챙이는 그대로 겨울잠에 들어가 겨울을 지내고 난 뒤 이듬해 봄에 다시 자랍니다.

올챙이

알

어른 개구리

뒷다리가 생긴다.

앞다리가 생기고 꼬리가 짧아진다.

이빨이 없는 포유동물, 개미핥기

이가 없으면 잇몸으로!

포유동물은 대부분 이빨로 먹이를 먹어요. 소는 이빨로 풀을 뜯어 먹고, 사자는 이빨로 고기를 찢어 먹지요. 이빨은 포유동물에게 먹이를 물고 뜯고 씹고 쪼개는 데 없어서는 안 될 중요한 기관이에요. 그런데 이 중요한 이빨이 없다면 과연 먹이를 제대로 먹을 수 있을까요?

놀랍게도 이빨 없이도 아무 불편 없이 살아가는 포유동물이 있답니다. 뛰어난 개미 사냥꾼, 개미핥기가 바로 그 주인공입니다.

개미핥기는 남아메리카의 열대 초원이나 삼림 지역에서 살아요. 몸의 크기에 따라 큰개미핥기, 작은개미핥기, 애기개미핥기로 나뉘는데, 큰개미핥기는 꼬리를 포함한 전체 몸길이가 2m쯤 되지요. 작은개미핥기는 1.2m 정도이며, 애기개미핥기는 개미핥기 중에서 가장 작아서 전체 몸길이가 40cm 정도밖에 되지 않아요.

큰개미핥기는 주로 땅 위에서 생활하고 낮에 돌아다녀요. 작은개미핥기와 애기개미핥기는 꼬리를 이용하여 나무를 오르내리며 생활하고 주로 밤에 돌아다니고요. 그런데 몸집이 크든 작든, 땅에서 살든 나무에서 살든, 개미핥기에게는 한 가지 공통점이 있어요. 바로 이빨이 없다는 점이지요.

이빨이 없는 개미핥기는 어떻게 사냥을 하고 먹이를 먹을까요?

이가 없으면 잇몸으로! 개미핥기는 이빨 대신 혀를 이용해 개미나 흰개미 따위를 잡아먹어요.

자, 혀를 이용한 개미핥기의 놀라운 개미 사냥법을 살펴볼까요?

뛰어난 개미 사냥꾼

남아메리카의 열대 숲 속이나 들판에 가면 원뿔 모양의 탑들을 볼 수 있어요. 개미나 흰개미가 가랑잎, 모래, 흙 등을 침으로 반죽하여 만든 개미들의 집으로, '개미총'이라고 하지요. 이 개미총이 바로 개미핥기의 사냥터예요. 개미핥기는 낫처럼 생긴 날카로운 발톱으로 개미총의 한쪽을 쓱 베어 낸 다음, 놀라서 뛰쳐나오는 개미들을 혀로 날름날름 핥아 먹어요. '개미핥기'라는 이름도 이런 사냥법에서 비롯된 것이지요.

개미핥기는 주둥이가 길쭉하고 혀도 길어요. 입은 아주 작아서 혀가 들락거릴 정도밖에 되지 않지만, 긴 혀를 이용하여 개미총 안에 있는 개미들도 쉽게 잡아먹을 수 있어요. 개미핥기는 혀가 아주 길고 가는 데다 침이 풀처럼 끈끈하거든요. 개미총 안으로 혀를 쑥 집어넣었다가 빼면, 긴 혀에 개미가 다닥다닥 붙어 나오죠. 개미핥기는 1분에 150번 이상 혀를 날름거릴 수 있답니다!

하지만 먹이를 씹지 않고 먹어도 과연 소화가 잘될까요? 걱정 마세요. 비록 이빨은 없지만, 개미핥기 나름의 소화 방법이 있으니까요.

사실 개미나 흰개미는 작지만 딱딱한 껍데기를 갖고 있어 그냥 삼키면 소화가 잘되지 않아요. 그래서 개미핥기는 딱딱한 입천장으로 개미의 껍데기를 부순 다음에 삼킨답니다. 그러면 다른 동물보다 훨씬 힘이 센 개미핥기의 위가 이것을 소화액과 섞어 더욱 잘게 쪼개요. 이렇게 다른 기관들이 이빨의 역할을 나누어 하기 때문에 개미핥기는 먹이를 씹지 않고 삼키고도 아무 문제 없

이 소화를 시킬 수 있어요. 또 개미를 핥아 먹을 때 흙이나 작은 돌들도 같이 먹게 되는데, 이것도 소화에 도움이 된답니다.

앞날을 생각하는 지혜

개미들의 집인 개미총에는 수많은 개미가 살고 있어요. 적게는 수천 마리, 규모가 큰 개미총에는 수만 마리나 되는 개미들이 모여 살지요. 그런데 개미핥기는 한 개미총의 개미들을 몽땅 잡아먹지 않아요. 아무리 배가 고파도 한 개미총에서만 배를 채우지 않고, 이곳저곳 돌아다니며 배를 채운답니다. 왜 그럴까요?

한 개미총에서 개미를 너무 많이 잡아먹으면 당장은 쉽게 배를 채울 수 있지요. 하지만 개미들이 개미핥기의 등쌀에 못 이겨 다른 곳으로 달아나 버리면 개미핥기는 사냥터를 잃고 말아요. 그래서 개미핥기는 개미총이 어디어디 있는지 알아 놓고 날마다 돌아가며 조금씩만 잡아먹는답니다. 오래오래 사냥할 수 있도록, 앞날까지 생각하며 지혜롭게 사냥을 하는 거죠.

먹이에 따라 달라지는 포유동물의 이빨 모양

동물의 이빨이 하는 역할 가운데 가장 중요한 일은 먹이를 잘게 부수는 것입니다. 위에서 먹이를 소화시키기 쉽게 하려는 것이지요. 이는 씹는 이, 자르는 이, 찌르는 이, 깎는 이, 물어뜯는 이, 가는 이 등 그 종류가 다양합니다.

대나무 잎만 먹는 판다는 잎을 씹어 짓이기기 좋도록 이빨이 크고 윗면이 평평합니다. 똑같은 초식 동물이라도 말은 풀을 잘라서 짓이겨야 하기 때문에 앞니는 풀을 자르기 쉽게 날카로우며, 어금니는 크고 납작합니다. 사냥을 해서 고기를 먹는 육식 동물들은 앞니와 송곳니가 날카로워서 쉽게 고기를 찢거나 물어뜯을 수 있습니다. 게다가 턱도 강해서 약한 뼈는 씹어서 으깰 수도 있지요.

항상 나무를 자르고 깎는 비버는 앞니가 끌 모양을 닮았고 계속 자라기 때문에 닳아 없어질 염려가 없습니다. 나무 열매와 고기를 모두 먹는 잡식성 동물인 곰은 이빨의 모양이 여러 가지입니다. 앞니와 송곳니는 날카로워서 고기를 먹기 좋고, 어금니는 열매나 작은 벌레 등을 잘 씹고 으깰 수 있도록 크고 윗면이 평평합니다.

이빨 윗면이 평평한 판다

날카로운 송곳니를 가진 호랑이

끌 모양의 앞니를 가진 비버

동물의 분류

흔히 '이 동물은 포유류다, 조류다, 어류다.'라는 말을 합니다. 포유류, 조류, 어류 등은 같은 특징을 지닌 동물의 무리를 뜻합니다. 가령 포유류는 대부분 새끼를 낳아 젖을 먹여 키우며, 몸에 털이 있지요. 이렇게 특징에 따라 무리를 나누는 것을 '분류'라고 합니다. 분류는 생물을 체계적으로 연구하는 데 아주 중요한 역할을 합니다. 과학자들은 지구 상에 있는 수많은 생명체를 이 분류 체계를 통해 체계적으로 연구합니다.

그렇다면 어떤 기준으로 동물을 분류할까요?

동물은 몸의 생김새와 몸의 구조, 살아가는 방법과 번식하는 방식 등으로 무리를 나눕니다. 털이 있는지, 날개나 비늘이 있는지, 척추(등뼈)가 있는지, 알을 낳는지 새끼를 낳는지, 어떻게 숨을 쉬는지 등을 연구하여 종을 나누지요.

이 밖에도 겉보기에는 몸 구조가 같지 않지만 진화적인 계통이나 분자 생물학적인 요소가 비슷하다면 같은 종으로 분류합니다.

대표적인 예로 단공류를 들 수 있습니다. 오리너구리와 가시두더지는 생김새는 전혀 다르지만 진화적인 계통이 같기 때문에 똑같은 단공류입니다.

생김새로 동물을 분류할 경우, 맨 먼저 척추가 있는지 없는지를 살펴봅니다. 척추가 있으면 척추동물로, 없으면 무척추동물로 나누는 식이지요. 척추동물은 다시 어류, 파충류, 조류, 포유류 등으로 나누는데, 물에서 살고 몸이 유선형이며 지느러미가 있으면 어류, 날개와 깃털이 있고 알을 낳으며 폐로 호흡하면 조류, 새끼를 낳고 젖을 먹여 키우며 몸이 털로 덮여 있으면 포유류지요. 포유류는 주머니에서 새끼를 키우는 유대목, 벌레를 잡아먹는 식충목, 고기를 먹는 식육목 등으로 다시 나눕니다.

학자들은 이렇게 특징이 비슷한 동물들을 같은 종으로 분류하고, 특이한 특징을 지닌 동물이 나타나면 좀 더 연구하여 새로운 종으로 분류하면서 생물을 연구합니다.

분류 체계에서 가장 범위가 넓은 것은 '계'입니다. 동물계, 식물계 등이 그 예이지요. 그 아래로 문, 강, 목, 과, 속, 종으로 분류 체계가 나눠집니다. 같은 종류에 속한 동물들 중에서도 더 아래 분류로 갈수록 공통점이 많아집니다.

북극여우를 예로 들어 보면 북극여우는 동물계, 척색동물문, 포유강, 식육목, 갯과, 북극여우속, 북극여우(종)입니다. 개, 늑대, 여우, 너구리, 코요테 등은 모두 갯과에 속하지만, 생김새와 생활 방식 등에 따라 각기 다른 속으로 분류됩니다. 이들은 모두 새끼를 낳아 젖을 먹여 키운다는 점 때문에 '포유강'이며 육식을 하기 때문에 '식육목'이지만 여우는 늑대에 비해 몸집이 작고 주둥이가 좁고 깁니다. 그리고 늑대는 어깨가 넓으며 몸집이 크고 꼬리를 높이 쳐들고 뛰는 특징이 있어서 여우는 여우속, 늑대는 개속으로 분류되지요.

늑대 여우 코요테

3부
특이한 곳에서 사는 동물들

물속에서 사는 포유동물, 고래

고래가 물고기가 아니라고요?

땅 위에서 사는 동물 가운데 가장 큰 동물은 무엇일까요? 바로 코끼리입니다. 그럼 바다에 사는 동물 가운데 가장 큰 동물은? 정답은 고래입니다.

고래 중에서도 흰긴수염고래는 바다와 육지를 통틀어서 가장 큰 동물이랍니다. 흰긴수염고래는 몸길이가 최대 30m에 몸무게가 150t 가까이 돼요. 몸무게가 자그마치 인도코끼리 30마리를 합한 것과 같지요.

엄청난 덩치로 바닷속을 헤엄쳐 다니는 고래. 그런데 고래는 물고기일까요,

아닐까요?

　바다에서 태어나 평생을 바닷속에서 살아가지만, 고래는 물고기가 아니에요. 사람처럼 젖을 먹고 자라는 젖먹이 동물, 즉 포유동물이랍니다.

고래는 정말 포유동물일까요?

　고래는 물고기처럼 지느러미가 있어요. 고래가 포유동물이라면 지느러미는 어떻게 설명해야 할까요?

고래의 지느러미를 엑스선 사진으로 찍어 보면, 포유동물인 사람의 손과 구조가 아주 비슷해요. 손목뼈, 손바닥뼈, 손가락뼈까지 있지요. 이것은 고래가 땅 위에서 살던 동물이라는 사실을 뒷받침해 줍니다. 그래서 사람들은 고래의 조상을 육지에서 살았던 동물이라고 추측하지요.

먼 옛날, 고래의 조상은 육지에서 네발로 돌아다니며 다른 동물을 잡아먹고 살았대요. 몸 크기는 개나 늑대 정도였다고 하고요. 그런데 이 동물이 5천만~6천만 년 전에 먹이를 찾아 바다로 가게 되었지요.

하지만 네발 달린 동물이 바닷속에서 먹이 사냥을 잘할 수 있었을까요? 다리는 달리기에는 좋지만 헤엄치기에는 알맞지 않아요. 그러니 고래의 조상은 바닷속에서 먹이를 잡을 때 몹시 고생했을 거예요.

하지만 오랜 세월에 걸쳐 조금씩 환경에 적응하면서 물에서 지내기 편리하게 고래의 모습이 바뀌었어요. 헤엄을 잘 칠 수 있도록 다리는 지느러미로, 몸은 유선형으로 바뀌었으며, 털이 빠지고 매끈한 피부가 드러나면서 물의 저항을 덜 받게 되었지요. 또 피부 밑에 지방이 쌓이면서 차가운 물속에서도 체온을 유지할 수 있게 되었고요.

숨 쉬기는 포유동물답게!

그렇다면 고래는 물속에서 어떻게 숨을 쉴까요? 물고기는 대부분 아가미로 숨을 쉬지만, 포유동물인 고래는 아가미가 없어요. 고래는 다른 포유동물과 마찬가지로 폐로 숨을 쉽니다. 물속에서 어떻게 폐로 숨을 쉬느냐고요?

사실 고래는 물속에서는 숨을 쉬지 않아요. 숨을 쉴 때마다 물 밖으로 나와 다른 포유동물처럼 공기 중에서 숨을 쉰답니다!

고래가 분수처럼 물줄기를 뿜는 모습을 본 적이 있나요? 바로 고래가 숨을 쉬는 모습이에요. 자세히 보면 고래가 물을 내뿜는 것이 아니라, 고래가 내뿜는 공기 때문에 숨구멍 주위의 물들이 작은 물방울이 되어 튀어 오르는 것을 알 수 있어요.

고래의 조상이 물속 생활에 적응하면서 고래의 숨구멍은 머리 위로 가게 되었어요. 숨이 찰 때마다 물 위로 올라와 쉽게 숨을 쉴 수 있도록 말이에요.

이빨고래 종류는 숨구멍이 하나지만, 수염고래 종류는 포유동물의 콧구멍처럼 숨구멍이 두 개예요. 고래는 한 번 숨을 쉬면 10분 정도 숨을 쉬지 않고 잠수할 수 있어요. 향고래는 1시간까지도 버틸 수 있고요. 그 덕분에 향고래는 다른 고래들보다 더 깊이 잠수할 수 있지요.

여러 가지 고래

고래의 종류는 무척 많아요. 동물 세계에서 가장 큰 흰긴수염고래에서 몸길이가 1m가 조금 넘는 돌고래에 이르기까지 100여 종이 넘습니다.

고래는 크게 두 부류로 나눌 수 있습니다. 첫째는 수염고래류인데 작은 새우나 플랑크톤을 수염으로 걸러 먹습니다. 머리 위의 분수공이 두 개이며, 덩치가 크고 주로 혼자 다니지요. 둘째는 이빨고래류로 날카로운 이빨로 물고기와 오징어 등을 잡아먹는 종입니다. 분수공이 한 개 있고 덩치가 작고 무리를 지어 다니지요.

흰긴수염고래: 가장 큰 동물, 새끼 때부터 이미 코끼리보다 크다.

범고래: 성격이 사납고 사냥을 잘한다.

향고래: 깊은 바닷속까지 잠수하여 오징어를 잡아먹는다.

돌고래: 지능이 높고 무리 지어 사회생활을 한다.

남극에서 사는 톡토기

물 위에서 톡톡, 얼음 위에서 톡톡

　남극은 지구 상에서 가장 추운 곳이에요. 일 년 내내 땅이 얼음으로 뒤덮여 있을 뿐만 아니라 겨울이 되면 기온이 영하 70~80℃까지 내려가지요. 이렇게 추운 곳에 개미나 벌 같은 작은 곤충을 갖다 놓으면 어떻게 될까요? 체온이 떨어져 금방 얼어 죽고 말 거예요.

　하지만 남극의 혹독한 환경 속에서도 꿋꿋하게 살아가는 곤충이 있답니다. 그것도 개미나 벌보다 훨씬 작은 곤충이 말이에요. 너무 작아 잘 보이지도 않

113

는 곤충, 바로 톡토기예요.

　톡토기는 날개가 없는 원시적인 작은 곤충인데 남극뿐만 아니라 전 세계에 널리 퍼져 살고 있어요. 배 끝에 갈퀴처럼 생긴 기관이 있어서, 이 기관을 이용하여 용수철처럼 톡톡 튈 수 있지요. 그래서 남극에 사는 톡토기를 눈벼룩이라고도 한답니다. 그렇다고 늘 톡톡 튀어 다니는 건 아니에요. 평소에는 기어 다니다가 위급할 때만 튀어 오르지요.

　톡토기는 주로 곰팡이와 박테리아 같은 미생물, 버섯, 조류, 꽃가루 등을 먹는데, 남극의 톡토기는 눈 위에서 번식하는 조류를 먹고 살아요. 톡토기는 종류에 따라 크기가 조금씩 다른데, 가장 큰 것이 1cm 정도예요. 특히 남극에 사는 톡토기는 0.1cm에 지나지 않지요. 남극의 눈밭에서 보면 눈 위에 내려앉은 먼지나 터끌처럼 보일 거예요.

　이렇게 작은 곤충이 어떻게 남극의 혹독한 환경에서 살아갈까요?

남극의 추위를 견디는 부동액

곤충은 보통 25℃ 안팎의 온도에서 가장 활발하게 움직여요. 기온이 그보다 내려가면 움직임이 느려지고, 영하로 떨어지면 대부분은 얼어 죽지요. 하지만 남극의 톡토기는 영하 70℃를 밑도는 추위에도 끄떡없어요. 몸속에서 부동액이 만들어지기 때문이에요.

부동액은 '얼지 않는 액체'예요. 물은 0℃ 이하로 내려가면 얼어 버리지만, 부동액은 0℃ 이하로 내려가도 얼지 않지요. 남극의 톡토기는 이런 부동액을 만들어 몸이 어는 것을 막아요. 톡토기의 부동액은 단백질의 한 종류로 세포 속의 물이 얼지 않도록 하지요.

사람들이 여름에는 얇은 옷을 입고 겨울에는 두꺼운 옷을 입듯이, 남극의 톡토기도 여름에는 부동액을 적게 만들고 겨울에는 더 많이 만든답니다. 그런데 남극에 무슨 여름이 있냐고요?

남극이라고 일 년 내내 혹독하게 추운 날만 계속되는 것은 아니에요. 짧기는 하지만 남극에도 기온이 15℃까지 올라가는 여름이 있어요. 여름이 되면 부동액이 필요 없으니, 톡토기는 부동액의 양을 줄여서 따뜻한 날씨에 적응해요.

너무 추워서 천적도 살지 못해요

추운 곳에서 사는 남극의 톡토기에게는 여느 톡토기보다 좋은 점이 하나 있어요. 주위에 적이 없다는 거예요. 톡토기를 위협하는 적은 딱정벌레나 개미 따위인데, 남극에는 이런 곤충들이 살지 않거든요.

사실 남극 대륙에서는 동물이 거의 살지 못해요. 남극에 사는 고래와 바다표범, 펭귄, 바닷새 같은 동물들은 대부분 남극해 주위에서 살고, 그나마 겨울이 되어 바다가 얼어붙고 온도가 더 내려가면 따뜻한 곳을 찾아 남극을 떠났다가 여름에 다시 돌아와요. 남극을 떠나지 않고 일 년 내내 남극에서 사는 동물은 황제펭귄 정도랍니다.

하지만 톡토기는 이 혹독한 환경에 잘 적응하여 살아남았어요. 그 덕분에 남극의 톡토기는 안전하게 먹이를 먹으며 살아갈 수 있지요.

추운 곳에 사는 동물들

온통 얼음으로 뒤덮인 춥고 메마른 극지방에서 살아가는 동물들은 다양한 방법으로 추위로부터 몸을 보호합니다. 코끼리물범은 두꺼운 지방층으로 추위를 막고, 북극곰은 두 겹의 털 덕분에 얼음처럼 차가운 물속에서도 헤엄을 칠 수 있습니다. 펭귄도 두 겹의 깃털이 있으며, 차가운 땅을 딛고 있는 발을 통해 열이 빠져나가지 않도록 발의 혈관 구조가 특수합니다.

극지방에 사는 동물들은 대개 몸 빛깔이 눈과 같은 흰색을 띠어 적의 눈을 피하며, 귀나 부리가 작아 몸의 열이 빠져나가는 것을 막습니다. 북극여우는 보통 여우들보다 털이 빽빽하게 나 있고 귀가 작지요.

툰드라토끼처럼 부동액의 도움을 받는 동물도 있습니다. 극지방의 물고기들도 피 속에 피를 얼지 않게 해 주는 성분이 들어 있어서 얼음처럼 차가운 물속에서도 몸이 얼지 않고 살 수 있지요.

북극곰

북극여우

코끼리물범

황제펭귄

땅속에서 사는 포유동물, 두더지

굴 파기의 명수

포유동물은 대부분 땅 위에서 살아요. 코끼리는 땅 위에서 나뭇잎을 뜯어 먹고, 호랑이는 땅 위에서 먹잇감을 사냥하면서 살아가지요.

포유동물이 땅 위에서 사는 까닭은 여러 가지예요. 땅 위에서는 먹이를 찾아 자유롭게 돌아다닐 수 있고, 무엇보다 숨을 쉬기가 편하니까요. 하지만 어둡고 답답한 땅속에서 살아가는 포유동물도 있답니다. 굴 파기의 명수, 두더지예요.

두더지는 작은 벌레를 먹고 사는 동물이에요. 우리나라에서도 쉽게 볼 수 있는데, 다 자라면 몸길이가 6~20cm쯤 되지요.

두더지가 굴을 잘 판다는 사실은 잘 알려져 있어요. 두더지 하면 맨 먼저 땅을 파는 모습이 떠오를 정도니까요. 두더지가 이렇게 굴을 잘 파는 이유는 무엇일까요? 비밀은 앞발에 있어요.

두더지는 앞다리가 매우 튼튼하며 앞발이 삽처럼 생겼어요. 크고 넓적한 앞발에는 다섯 개의 발가락이 있고 발가락 끝에 크고 길쭉한 발톱이 있는데, 이 앞발을 노를 젓듯이 움직여 흙을 파지요.

　굴 파기의 명수답게 두더지의 몸은
땅 파기에 적당하게 발달했어요. 코뼈가 발달되어
코가 길고 뾰족하며 코끝이 단단한 피부로 덮여 있어
굴을 파는 데 유리해요. 또 앞다리가 옆에 붙어 있는 것이 아니라
앞쪽에 붙어 있어서 굴 파기에 안성맞춤이지요. 어깨도 잘 발달되어
있어서 오랫동안 굴을 파도 끄떡없고요.
　그런데 두더지는 왜 땅속에서 살아갈까요?

먹이도 많고 안전한 땅속

    두더지도 먼 옛날에는 땅 위에서 살았다고 해요. 하지만 땅 위에는 곤충을 먹고 사는 동물이 많아 먹이를 구하기가 힘들었지요. 게다가 땅 위에 사는 여우나 오소리를 비롯하여 하늘의 매와 올빼미 같은 사냥꾼들이 두더지를 위협하기도 했고요.

    그래서 두더지는 적과 경쟁자들을 피해 땅속으로 들어갔어요. 땅속에는 두더지가 좋아하는 벌레가 많았고, 두더지를 노리는 무서운 동물도 없었으며, 여름에는 시원하고 겨울에는 따뜻해서 살기가 좋았거든요.

하지만 땅속 생활이 두더지에게 이로움만 안겨 준 것은 아니었어요. 포유동물들은 항상 일정하게 체온을 유지할 수 있도록 체온 조절 능력이 발달되어 있는 항온 동물이에요. 그런데 두더지는 겨울과 여름의 기온 차이가 심하지 않은 땅속에서 살다 보니 체온 조절 능력이 아주 약해졌답니다.

그래서 두더지는 강한 햇볕을 쬘 경우, 체온을 조절하지 못하여 체온이 올라가고 숨 쉬기도 힘들어집니다. 안전하고 편안한 땅속을 선택한 대가로 온도 변화에 적응하는 능력을 잃어버린 거죠.

털을 이용해 먹이를 찾아요

땅속 생활이 두더지에게서 앗아 간 것은 또 있어요. 바로 시력이지요. 어두운 땅속에서 오랫동안 살다 보니 두더지는 눈이 퇴화하여 시력을 잃어버렸어요. 언뜻 보면 눈이 없는 것처럼 보일 정도랍니다. 새끼일 때는 눈이 제법 크지만 자라면서 점점 피부 속으로 묻혀 버리거든요.

그렇다면 두더지는 어떻게 먹이를 찾을까요?

두더지는 '촉모'라고 하는 털이 얼굴과 다리, 꼬리에 나 있어요. 촉모는 촉각뿐 아니라 후각과 청각까지 느낄 수 있어요. 촉모를 통해 땅의 진동을 느끼고, 적이 움직이는 소리를 듣고, 5~6cm 두께의 흙 너머에 있는 지렁이의 냄새까지 맡을 수 있어요.

또 두더지의 사냥법 가운데 빼놓을 수 없는 것이 굴 파기예요. 땅속에서 사는 지렁이와 굼벵이들은 땅속을 기어 다니다 두더지의 굴속에 떨어지는 일이 많답니다. 두더지의 굴이 함정 역할을 하는 셈이지요. 그래서 두더지는 더욱더 열심히 굴을 판답니다.

두더지의 굴

두더지의 굴은 사방으로 퍼진 모양으로 뻗어 있습니다. 흙이 얼마나 부드러운가와 흙 속에 먹이가 얼마나 많은가에 따라 굴의 길이와 규모가 달라지지요. 지렁이와 벌레 같은 먹이가 많은 곳에서 사는 두더지들은 규모가 작은 굴을 파고, 먹이가 적고 돌과 모래가 많은 곳에서 사는 두더지들은 규모가 큰 굴을 팝니다.

겨울이면 햇볕을 좀 더 받기 위해 땅 가까이에 굴을 파고, 여름이면 더위를 피해 땅속 깊이 굴을 파지요. 두더지는 먹이를 잡아먹는 시간 말고는 하루 종일 굴을 손질하는데, 하루에 20m나 되는 굴을 손질합니다. 미로처럼 복잡하게 얽혀 있는 굴에는 만일을 대비해 땅 위로 나갈 수 있는 통로도 여러 군데 만들어 둡니다.

두더지는 짝짓기를 하는 시기와 새끼를 기르는 시기를 제외하고는 혼자 살지만, 집만큼은 대가족이 살아도 충분할 만큼 잘 꾸며 놓습니다. 어미 두더지는 가장 안쪽에 있는 굴에 풀이나 이끼로 부드럽게 속을 댄 둥지를 꾸며 새끼를 키웁니다. 굴 한쪽에는 지렁이를 모아 두는 먹이 창고도 만드는데, 지렁이를 수백 마리까지 모아 두기도 합니다.

지렁이를 먹고 있는 두더지

강에 사는 돌고래, 강돌고래

바다처럼 넓지는 않지만

'돌고래' 하면 흔히 드넓은 바다를 무리 지어 헤엄쳐 다니는 돌고래의 모습을 떠올리지요. 돌고래는 고래의 한 종류인데, 몸이 작고 길쭉한 주둥이가 부리처럼 뾰죽 튀어나와 있어요. 영리하고 장난을 좋아하는 돌고래는 사람과 친숙하여 바닷가에서 사람들과 어울려 놀기도 하고, 바다 한가운데를 지나가는 배에 다가와 배를 따라 헤엄치거나 배 옆에서 물 위로 뛰어오르며 장난을 치기도 하지요.

그런데 놀랍게도 바다가 아니라 강에 사는 돌고래가 있어요. 강에 산다고

해서 강돌고래라고 하는데, 남아메리카와 아시아의 큰 강에서 살지요. 사는 곳에 따라 갠지스강돌고래, 아마존강돌고래, 양쯔강돌고래, 라플라타강돌고래 등 4종류가 있어요. 이 가운데 라플라타강돌고래는 평소에는 대서양의 바다에서 지내다가 새끼를 낳고 기를 때만 라플라타 강 하구로 돌아와요.

아무리 강이 넓다 해도, 돌고래가 고래치고는 덩치가 작다 해도, 돌고래가 살기에 강은 너무 비좁지 않을까요?

흐르는 강물처럼

강돌고래는 몸길이가 2m 내외이며, 다른 돌고래들처럼 주둥이가 길쭉하고 작은 이빨들이 있어요. 몸 빛깔은 보통 푸른빛과 회색빛이며 등지느러미는 작

고 가슴지느러미는 크지요. 7개의 목뼈가 붙어 있지 않고 떨어져 있어서 고개를 180°로 돌릴 수 있기 때문에 좁은 강에서도 이리저리 고개를 돌리며 먹이를 찾기에 좋지요. 강돌고래는 강에 사는 물고기와 새우, 메기 등을 먹고 사는데, 탁한 물에 살기 때문에 시력이 아주 나빠요. 하지만 여느 돌고래들처럼 초음파를 이용할 수 있기 때문에 어렵지 않게 먹이를 잡을 수 있어요. 초음파를 쏘아서 초음파가 물체에 닿아 반사파가 돌아오기까지 걸리는 시간으로 먹이의 위치를 알아내지요.

강돌고래는 바다에 사는 돌고래와 달리 반드시 무리를 지어 다니지는 않아요. 강은 바다만큼 넓지도 않고 상어 같은 사냥꾼도 없어서 혼자 다녀도 별로 위험하지 않으니까요. 그래서인지 강돌고래는 바다에서 사는 돌고래보다 헤엄치는 속도가 느리답니다.

멸종 위기에 놓인 강돌고래

강돌고래도 돌고래이니만큼 생김새나 먹이를 사냥하는 방법, 사람을 잘 따르는 점 등은 여느 돌고래와 다를 바 없어요. 특히 강은 바다보다 사람들과 가까이 있기 때문에 강돌고래는 사람들과 친숙하게 지내 왔지요. 그러나 안타깝게도 그 이유 때문에 강돌고래는 돌고래들 중에서도 가장 심각한 멸종 위기에 처해 있어요.

　사람들이 큰 강 곳곳에 댐을 만들면서, 강돌고래의 보금자리가 파괴되기 시작했어요. 댐에 가로막혀 물고기들의 이동이 자유롭지 않게 되자 강돌고래의 먹이도 줄어들었지요. 양쯔강돌고래의 경우 고기잡이배의 그물에 걸리거나 배의 프로펠러에 걸려 죽는 일이 많아서, 6천 마리가 넘던 개체 수가 거의 다 사라졌어요. 2004년 가을을 마지막으로 자연 상태에서 사는 양쯔강돌고래는 더 이상 눈에 띄지 않는답니다. 지금은 보호하며 기르는 것들만 남아 있어요.
　고래이면서 민물에서 살아가는 강돌고래는 세계적으로 아주 진귀한 동물로, 우리가 적극적으로 보호해야 할 동물이에요. 하지만 사람들이 댐을 건설하고 관광지를 개발하여 강돌고래의 서식 환경을 파괴하고 강돌고래를 사냥하면서 그 수가 더욱 줄어들고 있답니다.

돌고래의 초음파

돌고래는 초음파를 이용해 먹이가 어디 있는지 찾고, 방향을 알며, 무리끼리 의사소통을 합니다. 돌고래의 뇌에는 멜론이라고 하는 둥근 모양의 특수한 기관이 있어요. 돌고래는 이 멜론으로 초음파를 분석하여 물체의 위치와 방향을 알아내지요. 이때 초음파를 감지하는 것은 돌고래 아래턱으로, 돌고래의 이빨은 일종의 안테나 역할을 합니다.

돌고래는 마치 콧노래를 부르는 듯한 독특한 소리를 냅니다. 콧구멍 아래에 있는 코의 공기주머니를 이용해 휘파람 소리 같은 소리를 반복해서 내거나 '푸' 하고 내뿜는 진동 소리를 내지요. 이 소리로 돌고래는 무리와 의사소통을 해요. 같은 무리의 돌고래들끼리는 그 무리 특유의 독특한 소리를 이용해 서로를 찾아낸다고 합니다.

돌고래처럼 특정한 음파가 반사되어 돌아오는 것을 통해 물체의 위치를 알아내는 능력을 '반향정위'라고 합니다. 돌고래뿐 아니라 박쥐도 반향정위 능력이 있어서 어둠 속에서도 먹이와 동료의 위치를 알아낼 수 있습니다.

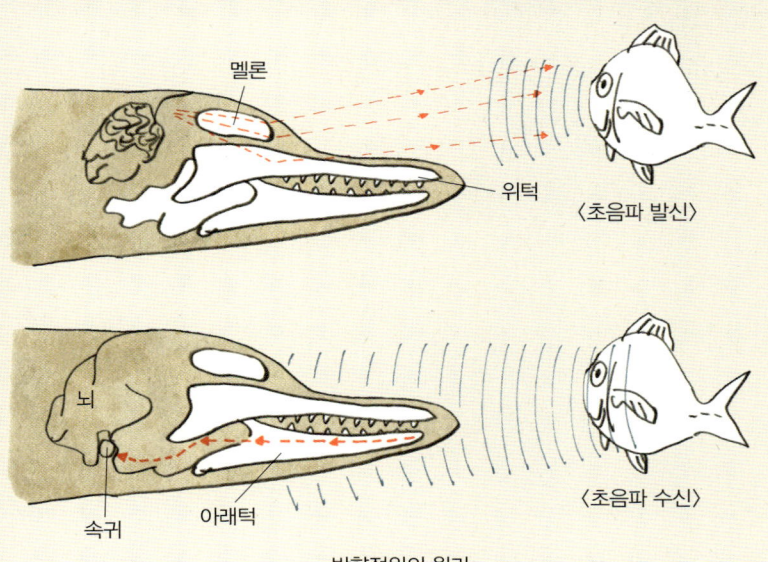

반향정위의 원리

동물들의 서식지

생명체가 터를 잡고 살아가는 곳을 서식지라고 합니다. 날씨가 좋고 먹을 것이 풍부한 곳에서는 많은 생명체가 살아갑니다. 반면, 아주 높은 산이나 아주 추운 곳과 같은 척박한 곳에서는 생명체가 살아가기 어렵지요. 서식지는 자연환경과 날씨 등에 따라 크게 몇 가지로 나눌 수 있습니다.

먼저, 숲이 우거진 지대는 나무와 풀이 무성하게 자라 식물을 먹고 자라는 동물들이 살기에 좋아요. 특히 열대 우림은 1년 내내 기온이 높고 비가 많이 와서 식물이 살기에 좋고 곤충류도 많이 살고 있습니다. 그래서 나무 열매와 벌레를 먹이로 삼는 새들도 많고 축축하고 습한 기후 덕분에 양서류와 파충류도 많습니다. 열대 우림에서는 동물들이 대부분 나무 위에서 삽니다. 그렇기 때문에 포유동물 중에서는 덩치가 큰 동물보다는 원숭이처럼 몸집이 작은 동물들과 동작이 민첩하고 나무를 잘 타는 재규어나 표범 같은 동물이 주로 살지요.

열대 우림

반면, 추운 지방의 숲은 1년 내내 푸른 침엽수들이 곧게 뻗어 있고 이끼로 뒤덮여 있습니다. 춥고 건조하기 때문에 그곳에서 자라는 식물의 종류가 그리 많지 않아요. 침엽수림에서 살아가는 포유동물로는 말코손바닥사슴, 늑대, 눈덧신토끼 등이 있습니다.

침엽수림

사계절이 뚜렷한 지방에는 겨울이면 잎을 떨어뜨리는 낙엽 활엽수들이 우거진 숲이 있습니다. 낙엽 활엽수림에는 여러 종류의 나무가 섞여 있어 동물들이 다양한 먹이를 구할 수 있습니다. 그 덕분에 덩치 큰 곰에서부터 아주 작은 달팽이나 곤충에 이르기까지 다양한 동물이 살지요. 계절에 따라 변하는 숲에서 동물들도 사계절에 적응하여 살아갑니다. 봄이 되면 짝짓기를 하고, 여름 동안 새끼를 기르며, 가을이 되면 먹이를 저장하고, 겨울이 오면 겨울잠을 자는 식으로요.

활엽수림

숲 지대와 달리 나무가 별로 없고 드넓은 초원이 펼쳐진 지역을 '사바나'라고 하는데, 면적이 전 세계 육지의 4분의 1에 이릅니다. 영양이나 얼룩말 같은 초식 동물들이 무리를 지어 살며, 이들을 먹고 사는 사자와 표범 같은 맹수들도 흔히 볼 수 있습니다. 대부분 빠른 발을 지니고 있어 탁 트인 초원 지대를 달리며 사냥을 하거나 적을 피해 도망을 칩니다. 또 물이 있는 곳을 찾아 이리저리 옮겨 다니기도 합니다. 사바나는 비가 내리는 지역이 적고, 강이나 연못이 생겼다가 쉽게 사라지기 때문이지요.

사바나 초원

1년 내내 눈이나 비가 거의 오지 않는 사막 지방과 눈과 얼음으로 뒤덮인 극지방 같은 곳은 생물이 살아가기 힘든 서식지입니다. 날씨가 너무 춥거나 건조하면 생물이 살아가기 힘들지요. 그러나 이런 곳에서도 비록 많지는 않지만 자기 나름의 방법으로 환경에 적응하여 살아가는 동물들이 있습니다.

북극의 해안에는 툰드라 지역이 있습니다. 여름이 되면 따뜻한 남쪽으로 떠났던 순록과 늑대와 새들이 돌아오지요. 이곳에 사는 동물들은 먹이를 찾아서 먼 거리를 이동합니다.

툰드라

육지의 서식지만큼이나 바다의 서식지도 다양합니다. 바다에도 육지 못지않게 많은 생물이 삽니다. 바다는 자연환경과 기후 조건에 따라 육지와 가까운 바다, 얕은 바다와 깊은 바다, 열대의 바다와 극지방의 바다 등으로 나뉩니다.

육지든 바다든, 살기 좋은 곳이든 혹독한 곳이든, 서식지에는 수많은 생명이 살고 있습니다. 서식지마다 기후와 자연 조건의 특징이 있고, 그곳에 사는 식물과 동물은 그 환경에 적응하여 살아갑니다.

사막에서 사는 쟁기발두꺼비

두꺼비가 사막에서 살아간다는 것

두꺼비는 양서류에 속하는 동물로 개구리의 한 종류예요. 양서류는 물과 육지를 오가며 살지요. 개구리, 두꺼비, 도롱뇽 같은 양서류 동물들은 물이 없는 곳에서는 살지 못해요. 몸의 물기가 마르면 살 수 없거든요. 특히 개구리와 두꺼비는 알에서 깨면 올챙이 시절을 거치는데, 올챙이는 물속에서 살기 때문에 물이 있어야 살 수 있어요. 그래서 양서류 동물들은 보통 물과 육지가 만나는 강가나 늪지대 등에서 살아요.

그런데 메마른 사막에서 사는 두꺼비가 있어요. 바로 쟁기처럼 생긴 발을 지닌 쟁기발두꺼비랍니다. 양서류인 두꺼비가 육지 동물들도 살아가기 힘들다는 메마른 사막에서 어떻게 살아갈까요?

비가 오기만을 기다리고 또 기다려요

　뜨겁고 메마른 사막은 두꺼비들이 살아가기 힘든 곳이에요. 하지만 사막에도 서늘하고 축축한 곳이 있어요. 바로 땅속이지요! 쟁기발두꺼비는 건조한 사막의 땅속으로 파고들어 가 서늘하고 축축한 굴속에서 지내요. 비가 올 때까지 무려 11개월 동안이나 아무것도 먹지 않고 잠만 자면서 말이에요.

　쟁기발두꺼비가 사는 미국 남서부와 멕시코의 사막 지대는 날씨가 고약해서, 1년에 딱 한 달 정도만 비가 내릴 뿐 나머지 11개월 동안은 비가 거의 내리지 않아요. 땅은 바싹 메말라 있고, 물은 물론 먹이도 구하기 힘들지요. 무엇보다 건조한 공기 속에서 돌아다니다가는 금세 피부가 말라 버려 살아남기 힘들어요.

　그래서 쟁기발두꺼비는 비가 올 때까지 땅속에서 지냅니다. 뒷걸음치듯, 쟁기처럼 생긴 튼튼한 뒷발로 흙을 파며 땅속 깊이 굴을 파고 들어가지요.

그리고 비가 올 때까지 최대한 양분을 아끼면서 지내요. 축축한 땅속에 있으니 몸의 물기가 마를 염려도 없고 몸의 에너지도 보존되어 목숨을 잃지 않아요. 그렇게 비가 올 때까지 기다리고 또 기다려요.

세계에서 가장 빨리 두꺼비가 되는 올챙이

후두둑후두둑!

마침내 비가 내리기 시작하면, 쟁기발두꺼비는 땅 위로 올라와요.

빗방울이 땅을 두드리는 것을 진동으로 느끼고 비가 온다는 것을 알아차리지요.

굵은 빗줄기가 쏟아지면, 바싹 마른 땅으로 뒤덮인 삭막한 사막의 풍경이 거짓말처럼 바뀌어요. 순식간에 물웅덩이가 생겨나고, 쟁기발두꺼비의 먹이가 되는 곤충들이 날아다니고, 땅속에 숨어 있던 쟁기발두꺼비들이 땅 위로 튀어나오지요.

쟁기발두꺼비가 땅 위에 올라오자마자 맨 먼저 하는 일은 짝짓기예요. 물웅덩이가 마르기 전에 얼른 알을 낳아야 하니까요. 쟁기발두꺼비는 큰 소리로 울어 대며 서로 짝을 찾고, 하루 이틀 만에 후다닥 짝짓기를 끝내고 물웅덩이에 알을 낳아요.

모든 일이 놀랄 만큼 빠르게 진행돼요. 알을 낳은 지 하루 반만 지나면 쟁기발두꺼비의 올챙이들이 알을 깨고 나와요. 그런 다음 그 어떤 올챙이보다 빨리 두꺼비가 된답니다. 뜨거운 사막에서는 웅덩이의 물이 금세 말라 버리기 때문에 빨리 자라야 해요. 보통 올챙이들은 알에서 깬 지 2~3개월이 지나야 두꺼비나 개구리가 되는데, 쟁기발두꺼비의 올챙이들은 15~25일만 지나면 두꺼비가 되어 땅 위를 뛰어다녀요. 세계에서 가장 빨리 두꺼비가 되는 신기록을 가진 셈이에요.

비가 내린 뒤의 사막은 생기가 가득해요. 초록 식물들이 자라고 물과 풍부한 먹이가 있어요. 그 속에서 많은 생물이 자연의 풍요를 누리지요. 쟁기발두꺼비도 푸른 사막을 뛰어다니며 엄청나게 먹어 대요. 땅에서 나와 짝짓기를 끝낸 두꺼비들도, 이제 막 두꺼비가 된 어린 두꺼비들도 모두모두 부지런히 배를 채우지요. 땅속에 들어가서 11개월을 버틸 수 있도록 말이에요.

햇볕이 쨍쨍 내리쬐는 날이 이어져 다시 땅이 메마르고 사막이 삭막해지면, 쟁기발두꺼비들은 뒷발로 흙을 파기 시작해요. 한 달 동안의 분주하고 생기 넘치는 나날이 끝나고 오랜 기다림의 시간이 시작되는 거지요. 쟁기발두꺼비는 땅속으로 들어가 다시 비가 오기를 기다려요.

개성 넘치는 희한한 개구리들

개구리는 세계 어느 곳에서나 흔히 볼 수 있습니다. 개구리 하면 툭 튀어나온 눈에 물갈퀴가 달린 발, 폴짝폴짝 뛰는 모습이 떠오르지요. 하지만 생김새가 독특하거나 희한한 행동을 하는 개구리도 많답니다.

아프리카에 사는 풀개구리와 오스트레일리아의 화이트청개구리는 폴짝폴짝 뛰기보다 기어오르기를 더 잘합니다. 발가락 끝에 있는 강한 빨판으로 풀잎이나 바위, 나무 등에 기어오르지요. 일본의 오키나와에 사는 단도개구리는 첫째 앞발가락이 칼처럼 생겨, 먹이도 잡고 적도 물리칩니다. 동남아시아에서 볼 수 있는 날개구리 종류는 네발의 발가락을 쫙 펴서 나는데, 발가락 사이의 물갈퀴를 마치 날개처럼 이용해서 나무에서 나무로 비행을 하지요. 베네수엘라의 스컹크개구리는 1990년대에야 알려졌는데, 적이 나타나면 스컹크처럼 고약한 냄새가 나는 액체를 뿜습니다.

오스트레일리아 화이트청개구리

독이 있는 무당개구리

날개구리

물에서 사는 거미, 물거미

거미의 종류는 많지만

거미는 세계 어디에서나 쉽게 눈에 띄어요. 실제로 거미는 남극을 제외한 모든 지역에 살아요. 거미는 놀라운 생명력으로 다양한 기후에 적응했지요.
그럼 물속은 어떨까요? 물속에서도 거미가 살까요?

　그래요, 물속에서도 살아요.
그 주인공은 바로 '물거미'입니다.
　세계에는 약 3만 4000종의 거미가 있어요. 세계 곳곳에 퍼져
사는 만큼 종류가 많지요. 그 많은 거미 가운데 물에 사는 거미는
딱 한 종류, '물거미'밖에 없어요.
　물거미는 몸길이가 2cm가량 되는 조금 큰 거미로, 주로 깨끗한 환경
보호 구역에서 살지요. 우리나라에서는 휴전선 부근의 늪지대에 살아요.
　물거미는 어떻게 물속에서 살아갈까요? 거미는 아가미가 없어서
물속에서 숨을 쉬지 못할 텐데요. 그 비밀은 물거미의 배에 있어요.

물거미의 산소통, 공기 방울

물거미의 배에는 짧은 털이 촘촘히 나 있는데, 물 밖으로 배를 내밀었다가 물속으로 들어가면 배를 에워싸고 커다란 공기 방울이 생겨요. 이 공기 방울이 산소통과 같은 역할을 해요. 물거미는 이 공기 방울에서 공기를 조금씩 꺼내 숨을 쉬지요. 공기가 다 떨어지면 다시 물 위로 올라와 배 둘레에 공기 방울을 달고 들어가고요.

거미들은 서폐라고 하는 폐로 숨을 쉬어요. 서폐는 책허파라는 뜻으로 혈관이 퍼져 있는 얇은 판이 책갈피처럼 겹쳐져 있어요. 서폐는 거미의 배 부분에 있는데, 공기가 들어가면 서폐의 혈관이 산소를 받아들여요. 물거미도 배에 매단 공기 방울을 통해 물속에서 서폐로 숨을 쉬지요.

  물거미는 사냥도 물속에서 해요. 하지만 여느 거미처럼 거미줄을 쳐서 먹이를 사냥하지는 않아요. 물풀에 걸쳐 놓은 거미줄을 따라 물속을 헤엄쳐 다니면서 턱으로 모기의 애벌레나 작은 물고기 따위를 낚아채지요. 물거미의 이빨은 굉장히 날카로워서 사람이 물리면 몹시 아플 정도랍니다.

물속의 보금자리, 공기 방

  물거미도 여느 거미처럼 알을 낳아 번식을 해요. 그렇다면 어디에 알을 낳을까요?

  물거미는 물속에 공기 방을 짓고 그 속에 알을 낳아요. 물거미가 공기 방을 짓는 모습을 살펴볼까요?

먼저, 거미줄로 종 모양의 작은 집을 만들어 물풀 사이에 고정해요. 그리고 물 위에서 배에 공기 방울을 매달고 내려와 집에 공기를 채워 넣지요. 그러면 자그마하던 거미집이 풍선처럼 부풀어 올라 물거미가 들어가 알을 낳고 지낼 수 있을 만한 크기가 돼요.

물거미가 만든 공기 방은 숨 쉬는 집 같아요. 공기 방 안에서 물거미가 숨을 쉬어 산소가 부족해지면 물속의 산소가 공기 방으로 흡수돼요. 물거미가 내뿜는 이산화탄소는 물 밖으로 저절로 빠져나가고요. 보통 암컷과 수컷이 각각 공기 방을 만드는데, 알을 낳는 암컷의 공기 방이 좀 더 커요.

공기 방이 완성되면 암컷 물거미는 공기 방 속에 알을 낳아요. 알에서 깬 새끼는 신선한 공기가 가득한 방 안에서 아무 어려움 없이 숨을 쉬며 자라지요. 그리고 헤엄을 칠 수 있을 만큼 자라면 공기 방에서 나가 엄마에게 사냥법도 배우고, 배에 공기 방울을 만드는 방법도 배운답니다.

물거미는 물속의 공기 방에서 겨울을 나기도 해요. 물거미의 공기 방 속은 추운 바깥보다 훨씬 따뜻하거든요. 공기를 저절로 보충해 주고, 추운 겨울도 견뎌 내게 하는 공기 방. 물거미에게 공기 방은 그야말로 아늑하고 편리한 최고의 보금자리라고 할 수 있지요. 이 공기 방 덕분에 아가미가 없는 물거미가 물속에서 어려움 없이 살아갈 수 있답니다.

거미는 곤충이 아닙니다

흔히 거미의 생김새가 곤충과 비슷하기 때문에 거미를 곤충이라고 여기는 경우가 많은데, 거미는 곤충이 아닙니다. 자세히 살펴보면 거미는 곤충과 다른 점이 많습니다.

곤충의 가장 큰 특징은 몸이 머리, 가슴, 배의 세 부분으로 구분되며, 다리가 6개라는 점입니다. 하지만 거미는 몸이 머리가슴과 배 두 부분으로 나뉘며, 다리가 8개지요.

이 밖에도 거미는 곤충과 달리 대부분 육식을 하며 독샘을 가지고 있습니다. 이 독을 이용하여 먹이를 마취시키거나 적을 물리칩니다. 또 곤충은 홑눈과 겹눈이 모두 있지만 거미의 눈은 모두 홑눈이며 머리 위쪽에 6~8개가 나란히 있습니다. 더듬이와 날개가 없다는 것도 곤충과 다른 점입니다. 또 껍질을 벗는 과정을 거쳐 어른 거미가 되기는 하지만 곤충처럼 애벌레나 번데기 과정을 거치지는 않습니다.

거미의 몸 구조

개미(곤충)의 몸 구조

평생 나무에서만 사는 나무늘보

자나 깨나 나무에 매달려서

나무는 동물들에게 무척 소중한 곳이에요. 적을 피해 도망쳐 가는 곳이기도 하고 먹이를 얻거나 보금자리를 짓고 사는 곳이기도 하지요. 그렇다고 동물들이 항상 나무에 머물러 있는 건 아니에요. 나무에 둥지를 짓고 사는 새들은 말할 것도 없고, 나무 타기의 명수인 원숭이도 자주 나무를 떠나 땅으로 내려와요. 나무 열매를 먹고 사는 다람쥐도 나무에서 내려와 돌아다니고요.

그런데 평생 동안 나무에서만 사는 이상한 동물이 있어요. 바로 나무늘보예요.

나무늘보는 중앙아메리카와 남아메리카의 무더운 숲에서 사는데, 나무에서 먹고 자며 새끼도 나무에서 낳아요. 늘 나무줄기를 껴안거나 나뭇가지에 거꾸로 매달려서 살지요. 이동할 때는 갈고리처럼 구부러진 길쭉한 발톱을 나뭇가지에 걸치고 나무에 거꾸로 매달려 이동하고요.

나무늘보는 몸길이가 60~70cm 정도로 몸집이 너구리보다 조금 더 커요. 나무에서 사는 동물치고는 제법 덩치가 큰 편이지요. 그 덩치로 나무에 거꾸로 매달려 살려면 힘들지 않을까요? 도대체 나무늘보는 왜 나무에서 내려오지 않을까요?

초록빛으로 위장하면 나무인 줄 안다니까요

나무늘보는 나무 열매나 나뭇잎을 주로 먹기 때문에 땅으로 내려와 먹이 사냥을 할 필요가 없어요. 게다가 땅으로 내려와도 긴 발톱 때문에 잘 걷지 못해요. 거의 기다시피 아주 느릿느릿 움직이지요. 이런 걸음걸이로 땅 위를 돌아다니다가는 눈 깜짝할 사이에 사나운 짐승의 먹이가 되고 말 거예요. 그래서 자나 깨나 나무에 매달려 사는 거예요. 나무에 있으면 먹을 것도 많고 사나운 동물들의 공격도 피할 수 있으니까요.

나무늘보는 동물들 가운데 소문난 느림보예요. 18시간이나 잠을 자는 데다 깨어 있을 때도 어찌나 움직임이 적은지 털에 녹조류가 생길 정도랍니다. 나무늘보의 털 표면에는 홈이 있어서 녹조류가 자라기에 좋거든요. 녹조류 덕분에 나무늘보는 더 감쪽같이 숨을 수 있어요. 녹조류가 우기에는 초록빛으로 건기에는 갈색으로 변하기 때문에 나무늘보의 몸이 눈에 잘 띄지 않거든요. 게다가 거의 움직이지 않으니 눈초리가 매서운 사냥꾼들도 나무늘보를 쉽게 알아보지 못한답니다.

그런데 나무늘보는 왜 그렇게 느리고 굼뜰까요? 사람들이 생각하는 것처럼 게으르기 때문에 하루 종일 잠만 자고, 느릿느릿 움직일까요?

나무늘보가 느린 데는 다 그럴 만한 이유가 있어요.

게을러서 느린 게 아니랍니다

나무늘보가 즐겨 먹는 나뭇잎은 영양분이 적어서 나무늘보는 많은 에너지를 쓸 수 없어요. 당연히 나무늘보의 활동량이 줄어들 수밖에 없지요. 그러다 보니 나무늘보는 하루에 18시간이나 잠을 자고, 깨어 있는 시간에도 느리게 움직이며 에너지를 최대한 아껴 써요.

나무늘보는 다른 포유동물보다 체온이 3~4℃ 낮아서 체온을 유지하는 데 에너지가 적게 들어요. 그 대신 소화하는 데 에너지가 많이 들어가요. 나무늘보가 먹는 나뭇잎은 소화가 잘 안되거든요. 심지어 음식을 먹고 완벽하게 소화시키는 데에 한 달여의 시간이 걸리기도 해요. 그러다 보니 배설도 일주일에 한 번밖에 하지 않아요. 그때가 유일하게 나무늘보가 나무에서 내려오는 때랍니다. 나무늘보는 땅으로 내려가 구멍을 파고 똥과 오줌을 누고 흙으로

덮은 다음 다시 나무로 올라가요. 매번 같은 장소로 가는데, 이때가 적에게 공격당할 위험이 가장 크지요.

 나무에 거꾸로 매달려 지내다 보니, 나무늘보는 다른 포유동물들과 다른 점이 많아요. 특이하게도 뒷다리보다 앞다리가 길고, 털의 방향도 반대로 되어 있어요. 보통 포유동물들은 털이 등뼈를 따라 배 쪽으로 내려오게 자라는데, 나무늘보는 거꾸로 배에서 등 쪽으로 털이 자라지요. 그래서 비가 오면 배에 물이 고이지 않고 양옆으로 흘러내린답니다.

또 활동량이 적다 보니, 크기가 다른 포유동물에 비해 근육의 양도 훨씬 적어요. 물론 매달리는 데 필요한 어깨, 목, 앞발 부분의 근육은 잘 발달되어 있지요. 근육이 적으니 몸무게가 가벼워서 가느다란 나뭇가지에도 매달릴 수 있어요.

사나운 적들을 피해 나무 위로 올라간 나무늘보. 우리가 보기에는 느리고 답답하지만 나무늘보는 자기만의 방법으로 환경에 적응하여 느릿느릿 잘 살아가고 있답니다.

파괴되는 열대 우림

나무늘보가 사는 열대 우림은 다양한 식물이 무성하게 자라는 숲이에요. 열대 우림의 식물들이 지구 전체 산소량의 20%도 넘게 생산한다고 하여 열대 우림을 '지구의 허파'라고도 부릅니다. 또 육지에 사는 생물 종류의 80%를 찾아볼 수 있을 정도로 다양한 생물이 살고 있습니다.

그런데 최근 열대 우림 지역이 점차 줄어들고 있습니다. 사람들이 굵고 질 좋은 목재를 얻기 위해 열대 우림의 나무를 마구 베기 때문입니다. 숲이 줄어들면 숲에서 살던 동물들이 갈 곳을 잃는 것은 물론이고, 먹이도 줄어들기 때문에 생명에 심각한 위협을 받습니다. 그래서 나무늘보를 비롯한 수많은 생물이 멸종 위기에 놓이게 되었습니다.

또 지구의 허파가 줄어드는 것이니 사람에게도 심각한 일이 아닐 수 없습니다. 그래서 세계적으로 열대 우림을 보호하려는 운동을 펼치고 있습니다. 지구는 사람만이 아니라 동물과 식물이 다 함께 살아가는 소중한 서식지니까요.

무분별한 벌목으로 파괴되는 열대 우림

4부

새끼를 낳아 기를 때도 특별하게

모래땅에 알을 낳는 명주잠자리

명주잠자리는 잠자리가 아니랍니다

잠자리의 암컷은 대부분 짝짓기를 한 뒤 연못이나 물웅덩이에 알을 낳아요. 그래서 알에서 깬 애벌레는 물속에서 올챙이나 물벼룩 등 자그마한 물속 생물을 먹고 자라지요.

그런데 메마른 모래땅에 알을 낳는 잠자리가 있어요. 바로 명주잠자리예요. 명주잠자리는 냇가, 바닷가, 산, 평지, 집 주변, 절터 등의 그늘지고 건조한 모래땅에 알을 낳지요.

자, 여기서 명주잠자리의 비밀 한 가지!

명주잠자리는 사실 잠자리가 아니랍니다. 이름도 그렇고 생김새도 비슷해서 잠자리의 한 종류라고 생각하기 쉽지만, 명주잠자리는 우리가 흔히 아는 잠자리와는 종류가 달라요. 잠자리는 잠자리목의 곤충이지만, 명주잠자리는 '뿔잠자리목'에 속하는 곤충이에요.

잠자리는 더듬이가 짧고 앉아서 쉴 때나 날아다닐 때나 항상 날개를 옆으로 쭉 펴고 있지요. 그런데 명주잠자리는 더듬이가 길고 끝이 뭉툭해요. 또 잠자리처럼 잘 날지도 못하고, 쉴 때는 날개를 뒤로 접어요.

무엇보다 두 곤충의 가장 큰 차이점은, 잠자리는 번데기 시기를 거치지 않고 어른 잠자리가 되지만, 뿔잠자리목의 곤충들은 번데기 시기를 거쳐 어른 잠자리가 된다는 점이에요. 그리고 또 한 가지, 뿔잠자리목 곤충들은 알을 흙 속에 낳거나 물체의 표면에 붙여 둔다는 점이에요. 그러니 명주잠자리가 모래땅에 알을 낳는 것도 사실은 뿔잠자리목 곤충의 일반적인 습성인 셈이죠.

하필이면 메마르고 척박한 모래땅에

물속은 물풀과 조류를 비롯하여 작은 물고기 같은 많은 생명체가 살아가는 곳이어서 먹잇감이 많아요. 반면에 모래땅에는 먹을 것이 별로 없어요. 물속에 알을 낳으면 새끼가 알에서 깨어 나와 배불리 먹고 무럭무럭 자랄 수 있을 텐데, 명주잠자리는 왜 먹이를 구하기 힘든 모래땅에 알을 낳을까요?

물속은 애벌레가 알에서 깼을 때 먹을 수 있는 먹이가 많지만, 그만큼 애벌레를 노리는 사냥꾼도 많기 때문에 알에서 깨기도 전에 잡아먹힐 수도 있어요. 하지만 모래땅에 알을 낳으면 애벌레가 알에서 깼을 때 먹이를 구하기는 힘들어도, 알 상태에서 다른 동물들에게 잡아먹힐 가능성은 훨씬 적지요. 메마른 모래땅에서 먹이를 찾는 동물은 많지 않으니까요. 결국 명주잠자리가 메마른 모래땅에 알을 낳은 덕분에 애벌레들은 무사히 깰 수 있어요.

안전해서 좋긴 하지만, 먹을 것이 별로 없는 모래땅에서 명주잠자리 애벌레들은 어떻게 살아갈까요?

놀라지 마세요. 명주잠자리 애벌레들은 여느 어른 곤충 못지않은 사냥 솜씨를 지녔답니다.

무시무시한 개미 사냥꾼, 개미귀신

명주잠자리의 애벌레는 개미 사냥의 명수예요. 얼마나 귀신처럼 개미나 작은 곤충을 잘 잡아먹는지, 이 애벌레를 개미귀신이라고 부른답니다. 개미귀신은 함정을 파 놓고 사냥을 하는데, 개미귀신이 파 놓은 함정을 개미지옥이라고 해요. 자, 그럼 개미귀신이 어떻게 사냥을 하는지 한번 살펴볼까요?

개미귀신은 우선 모래땅에 깔때기 모양의 구덩이를 파고 함정의 밑바닥에 숨어 낫처럼 생긴 커다란 턱만 내놓은 채 먹이가 걸려들기를 기다려요. 이윽고 작은 곤충 한 마리가 구덩이 주위를 지나다가 그 속으로 굴러떨어지면, 개미귀신은 턱으로 먹이를 낚아채 모래 속으로 끌고 들어가서 잡아먹지요.

개미지옥에 빠진 작은 곤충은 절대로 달아날 수 없어요. 밖으로 기어 올라가려고 버둥거려 봤자, 개미귀신이 모래를 끼얹기 때문에 모래에 휩쓸려 다시 개미지옥으로 굴러떨어지지요.

개미귀신은 모래 속으로 끌고 들어간 먹이를 큰 턱으로 물어 먹이의 몸속에 소화액을 넣어요. 그런 다음 소화액이 녹여 버린 먹이의 체액을 빨아 먹지요. 개미지옥 주위에서는 속이 텅 빈 곤충의 껍데기들을 볼 수 있어요. 개미귀신이 체액을 빨아 먹은 먹이의 빈 껍데기를 개미지옥 밖으로 던져 버린 거예요.

아주 무시무시하지요?

명주잠자리 애벌레, 개미귀신은 이렇게 1~2년 동안 먹이를 잔뜩 먹고 튼튼하게 자라요. 그런 다음 몸에서 실을 뽑아 고치를 만들어요. 고치는 알 시절부터 자신을 지켜 준 모래땅 속에 만들지요. 그 속에서 번데기 상태로 지낸 뒤 허물을 벗고 날아오른답니다.

이름난 애벌레들

　명주잠자리 애벌레인 개미귀신처럼 곤충의 애벌레 가운데는 이름난 애벌레가 많습니다.
　쐐기벌레는 흔히 '쐐기'라고 부르는 쐐기나방의 애벌레로, 짧고 뻣뻣한 털이 잔뜩 나 있고 만지면 몹시 아픕니다. 먹성이 좋아 주변의 나뭇잎을 순식간에 다 먹어 치우는 유명한 해충입니다.
　해충 하면 빠질 수 없는 것이 송충이입니다. 송충이는 솔나방의 애벌레로 솔잎을 갉아 먹는데, 일단 나타나면 그 규모가 엄청나기 때문에 피해가 어마어마하지요.
　모기의 유충인 장구벌레는 물속에서 살기 때문에, 극성스러운 모기를 없애려면 물웅덩이를 메우는 등 주위에 고인 물이 없도록 해야 합니다.
　사람에게 도움을 주는 애벌레도 있습니다. 누에고치로 유명한 누에는 누에나방의 애벌레인데, 누에가 5번 정도 허물벗기를 한 후에 짓는 고치는 무게가 2.5g 정도로 비단실을 1,500m나 뽑아낼 수 있습니다. 그 밖에도 느린 동물의 대명사인 굼벵이는 딱정벌레와 풍뎅이 등의 애벌레로, 느리고 굼뜨기로 유명합니다.

쐐기벌레

송충이

누에

한 둥지에 여러 암컷이 알을 낳는 타조

날지 못하는 새, 타조

새들은 각자 자기 둥지에 알을 낳아요. 알에서 새끼가 깨면 먹이를 물어다 주며 정성껏 돌보고요. 만약 둥지 하나에 여러 암컷이 알을 낳는다면 어떨까요? 자기 알을 찾기도 어렵거니와 찾더라도 비좁아서 제대로 품을 수 없을 거예요. 또 새끼가 알에서 무사히 깬다고 해도 너무 많아서 제대로 키울 수도 없을 거고요.

그런데 한 둥지에 여러 암컷이 알을 낳는 새가 있답니다. 바로 타조입니다. 북아프리카를 중심으로 아프리카 대륙 전체에 널리 퍼져 사는 타조는 세계에서 가장 큰 새입니다. 수컷이 암컷보다 조금 더 큰데, 다 자라면 키가 2.5m나 되지요. 몸무게는 무려 155kg이나 나가고요. 몸이 너무 무겁기 때문일까요? 타조는 날개가 있어도 날지 못합니다. 오랫동안 사용하지 않아 날개 근육이 퇴화되어 버렸거든요.

타조는 날지 못하는 대신 달리기를 무척 잘해요. 다리가 길고 튼튼해서 치타나 표범 같은 맹수가 다가오면 시속 65km의 속도로 달아나지요.

타조는 대개 5~50마리가 무리를 지어 살아요. 수컷보다 암컷이 훨씬 많아, 수컷 한 마리가 3~5마리의 암컷을 거느리고 살지요.

그런데 타조의 암컷들은 모두 한 둥지에 알을 낳는답니다. 수컷이 땅을 파고 무리가 함께 커다란 둥지를 만들어, 그 둥지에 암컷들이 모두 알을 낳아요. 암컷 한 마리당 12개 이상의 알을 낳기 때문에 최대 60개 정도의 알들이 한 둥지에 모여 있지요.

그런데 이렇게 한곳에
알을 모아 두면 너무 쉽게
눈에 띄어 위험하지 않을까요?
또 이 많은 알을 다 어떻게 품을까요?

많을수록 안전한 알

 가장 큰 새의 알답게 타조의 알은 새알 중에서 가장 커요. 알의 지름이 약 15~25cm나 된답니다. 그래서 열대 초원에는 타조의 알을 노리는 알 도둑이 무척 많아요. 특히 이집트민목독수리는 소문난 알 도둑으로, 공중에서 돌을 떨어뜨려 타조의 알을 깨뜨려 먹지요.

 이렇게 극성맞은 알 도둑들을 피하려면 눈에 띄지 않는 곳에 알을 낳아야 하지 않을까요? 또 여러 군데 알을 낳아서 알 도둑들의 공격을 피해야 하지 않을까요?

 하지만 타조는 오히려 한 둥지에 많은 알을 낳는 방법으로 알을 지켜요. 눈에도 잘 띄고 도둑들이 훔쳐 가기도 쉬울 것 같은데, 왜 이렇게 할까요?

만약 한 마리가 둥지를 짓고 혼자 10개의 알을 품고 있다고 생각해 봐요. 이때 알 도둑이 나타나면, 그 암컷은 10개의 알을 모두 잃을 수 있어요. 하지만 여러 마리가 한 둥지에 알을 낳으면 다릅니다. 적이 들이닥쳐 10개의 알을 깨뜨려 먹는다 해도 한 암컷의 알이 모두 먹힐 확률은 거의 없어요. 알을 잃는 개수는 같아도 알을 모두 잃는 암컷은 줄어드는 셈이지요.

자손을 잇기 위한 힘겨운 노력

알은 암컷과 수컷이 번갈아 가면서 품어요. 몸 빛깔이 수컷은 검고 암컷은 갈색이기 때문에, 깜깜한 밤에는 검은 수컷이 알을 품고 낮에는 갈색 암컷이 알을 품어요. 여러 암컷이 모두 알을 품지는 않고, 수컷과 맨 처음 짝짓기를 한 제1암컷만 알을 품지요.

한 마리가 어떻게 그 많은 알을 다 품을까요? 사실 50~60개의 알을 한 번에 다 품지는 못해요. 타조의 덩치가 크긴 하지만 보통 20여 개의 알밖에 품지 못하지요. 나머지는 다른 동물의 먹이가 되거나 알에서 깨지 못한답니다.

제1암컷이 알을 품은 지 40일 정도가 지나면 알을 깨고 새끼 타조가 나와요. 하지만 50여 개의 알이 있던 둥지에서 깨는 새끼는 고작 몇 마리밖에 되지 않아요. 극성맞은 알 도둑들을 피해 한 둥지에 다 함께 알을 낳고 간신히 지켜 낸 새끼지요. 이처럼 타조는 험한 자연 속에서 자기 알을 하나라도 더 지키기 위해 노력하며 힘겹게 대를 이어 간답니다.

날지 못하는 새들

타조는 아무리 급해도 날지 못합니다. 타조의 작은 날개로는 그 큰 덩치를 들어 올릴 수 없으니까요. 그래서 타조는 적이 나타나면 날지 않고 뛰어서 달아납니다. 또는 날카롭고 큰 발톱으로 공격을 하기도 합니다.

타조처럼 날지 못하는 새들을 '주금류'라고 합니다. 남아메리카의 레아, 오스트레일리아의 에뮤, 뉴질랜드의 키위 등이 주금류에 속하지요.

학자들은 새의 몸무게가 18kg이 넘으면 날 수가 없다고 말합니다. 근육의 힘으로 공중에 떠 있기에는 너무 무겁기 때문이지요. 주금류가 날지 못하게 된 이유는 아직 확실히 밝혀지지 않았습니다. 학자들은 주금류가 날 수 없어서 몸집이 커지고 다리가 튼튼해졌는지, 아니면 몸집이 크고 다리가 튼튼해서 날 필요가 없어졌기 때문에 날개가 퇴화되었는지 연구하고 있습니다.

타조

레아

에뮤

키위

살아 있는 애벌레에 알을 낳는 맵시벌

혼자서 살아가는 맵시벌

　꿀을 찾아 앵앵거리며 날아다니는 벌. 벌은 대개 벌집을 짓고 살아가요. 일벌들이 육각형의 작은 방이 다닥다닥 붙어 있는 집을 지으면, 여왕벌이 그 안에 알을 하나씩 낳지요.

　그런데 집을 짓지 않고, 살아 있는 애벌레의 몸에 알을 낳는 무서운 벌이 있답니다. 맵시벌이 그 주인공이에요.

　맵시벌은 여느 벌처럼 꽃꿀을 빨아 먹으면서 식물의 가루받이(씨가 열리는 식물에서 수술의 꽃가루가 암술머리에 붙는 일)를 도우며 살아요. 하지만 맵시벌은 여느 벌과 다른 점이 많지요.

　대개 벌은 개미처럼 사회를 이루고 살아요. 많게는 수천 마리가 한데 모여 사는데, 여왕벌은 알만 낳고 일벌은 꿀을 모으는 식으로 역할을 나누어 각자 맡은 일을 하며 살지요. 하지만 맵시벌은 사회생활을 하지 않고 혼자 살아요. 자기가 원하는 곳에서 자기가 원하는 모양의 집을 짓고 산답니다.

　맵시벌은 종류가 4만 종이 넘으며 크기와 모양도 다양해요. 몸길이는 보통 1.2cm이고, 몸이 가늘고 길며 개미처럼 허리가 구부러져 있어요.

　무엇보다 맵시벌만의 예사롭지 않은 특징은 살아 있는 애벌레에 알을 낳는다는 사실이에요. 애벌레의 몸 위에 낳기도 하고, 애벌레의 몸속에 산란관을 꽂고 낳기도 하지요. 번데기에 낳기도 하고, 알이나 다 자란 곤충에 낳는 경우까지 있답니다.

남의 몸에 알을 낳다니, 대체 왜 그럴까요?

곤충들은 안전하고 먹이를 쉽게 구할 수 있는 곳에 알을 낳아요. 주로 태어날 애벌레의 먹이가 되는 나뭇잎의 뒷면이나 눈에 잘 띄지 않는 나무껍질 속 등에 알을 낳지요.

맵시벌도 알을 낳을 장소를 신중하게 골라요. 그래서 찾아낸 곳이 바로 다른 애벌레랍니다. 애벌레는 단백질 덩어리로 영양이 풍부한 데다, 독한 냄새를 내뿜거나 보호색을 띠는 등 스스로를 지킬 줄도 알아요. 그러니 그곳에 알을 낳으면 알에서 깬 맵시벌의 애벌레는 다른 애벌레의 살을 파먹으면서 안전하게 자랄 수 있어요. 제 새끼를 위해 남의 새끼를 희생양으로 삼는 셈이죠.

아무 애벌레에나 알을 낳지는 않아요

맵시벌 암컷은 촉각이 무척 발달되어 있어요. 그래서 알을 낳을 시기가 되면 촉각으로 애벌레의 움직임을 알아채고 애벌레가 어디에 있는지 찾아내지요. 식물이 내보내는 화학 물질의 냄새를 맡고 애벌레가 있는 곳을 알아내기도 하고요. 소나무를 비롯한 식물들은 곤충의 애벌레가 잎이나 줄기를 갉아 먹으면 화학 물질을 내보낸답니다.

이렇게 해서 다른 곤충의 애벌레를 발견하면, 맵시벌은 그 애벌레의 몸에 다른 맵시벌이 먼저 알을 낳지는 않았는지 꼼꼼히 살펴요. 만약 다른 맵시벌의 알이 있으면 새로운 애벌레를 찾아가지요. 다른 맵시벌이 알을 낳은 곳에 알을 낳으면, 먼저 깬 맵시벌 애벌레가 자기의 알을 먹어 치울지도 모르니까요.

마침내 알맞은 애벌레를 찾으면 맵시벌 암컷은 자기 몸보다 긴 산란관을 통해 애벌레에 알을 낳아요. 맵시벌의 긴 산란관은 알을 낳기에 좋지요. 송곳벌살이납작맵시벌 같은 맵시벌은 산란관으로 나무에 구멍을 뚫고 나무 속에 있는 애벌레의 몸 위에 알을 낳기도 한답니다.

맵시벌은 알을 낳고 나서 애벌레를 독으로 마취시켜요. 애벌레가 움직이지 못하도록 마취만 시키지 절대 죽이지는 않아요. 애벌레가 죽으면 살이 썩어 들어가 자신의 애벌레가 상한 먹이를 먹게 될 테니까요. 이렇게 마취된 애벌레는 자기 몸에 있는 알을 해치지 못해요. 그뿐만 아니라, 독 때문에 어른 곤충으로 변하지도 못하고 계속 애벌레 상태로 머무르며 맵시벌 애벌레의 먹이가 된답니다

사람한테는 이로운 곤충이랍니다

남의 애벌레 몸에 알을 낳는 맵시벌은 곤충의 세계에서는 무시무시한 벌이지만, 사람들에게는 이로운 곤충이랍니다. 맵시벌이 알을 낳는 애벌레들은 대부분 사람에게 해로운 애벌레들이거든요.

맵시벌은 주로 나비와 나방, 거미, 딱정벌렛과에 속하는 잎벌레 등의 애벌레에 알을 낳아요. 이 애벌레들은 대부분 채소의 잎이나 나뭇잎을 먹고 자라기 때문에 농작물 재배에 큰 피해를 주지요.

그런데 맵시벌이 이 곤충들의 애벌레에 알을 낳아 애벌레의 수를 줄여 주기 때문에 해충의 피해를 줄일 수 있어요.

반드시 사람에게만 이로운 것은 아니에요. 나무와 숲에서 살아가는 다른 생명들에게도 이로운 일을 한다고 할 수 있지요.

생태계는 다양한 생명체들이 서로 먹고 먹히며 치열하게 살아가요. 그러면서도 무수한 생명이 조화롭게 균형을 이루며 함께 살아가지요. 우리 눈에는 잔인하고 이기적으로 보이는 맵시벌의 행동이 다른 한편으로는 사람과 다른 생명을 이롭게 하는 것처럼요.

기생하는 곤충들

기생이란 다른 생물한테서 영양분을 빼앗아 살아가는 것을 말합니다. 곤충 가운데도 기생을 하며 사는 종류가 많은데, 기생 형태에 따라 크게 두 가지로 나눌 수 있습니다.

첫째는 이나 벼룩처럼 동물의 몸에 붙어 살면서 영양분을 섭취하는 곤충입니다. 이런 곤충들은 주로 기생당하는 생물, 즉 숙주의 피를 빨아 먹는 흡혈 곤충인 경우가 많습니다. 이들 때문에 숙주가 죽지는 않지만 병에 걸리거나 영양 상태가 나빠지곤 합니다.

둘째는 기생벌이나 기생파리 등의 곤충으로 애벌레 시기에 다른 곤충한테 붙어 기생 생활을 합니다. 대부분 어른벌레가 되면 숙주에게서 떠나가지만, 이들에게 영양분을 빼앗긴 숙주는 거의 죽습니다. 맵시벌처럼 어른벌레가 숙주의 몸에 직접 알을 낳기도 하고, 숙주의 먹이에 숨어 있다가 몸속으로 들어가기도 하며, 애벌레가 직접 숙주를 찾아 나서기도 합니다.

벼룩

기생파리

곤충들의 탈바꿈 과정

곤충은 대부분 알에서 깨어 애벌레와 번데기의 과정을 거쳐 어른벌레가 됩니다.

알은 주로 둥그렇거나 길쭉한 모양이지만, 애벌레는 자라는 곳에 따라 모습이 무척 다양합니다. 배에 다리가 달려 기어 다니며 나뭇잎을 먹으며 사는 애벌레도 있고, 다리가 없는 애벌레도 있고, 물속에서 깨어 아가미가 달린 채 헤엄쳐 다니는 것도 있습니다. 파리의 애벌레처럼 번데기와 비슷한 구더기 모양인 것도 있습니다. 나비목의 번데기는 실처럼 생긴 섬유를 뽑아내어 고치를 만들어 번데기 시기를 지내기도 하고요.

알에서 깬 애벌레들은 영양을 섭취하고 성장하는 데에 온 힘을 쏟습니다. 심지어 애벌레 단계에서만 먹이를 먹고 어른벌레가 되어서는 번식만 하는 곤충도 있지요. 곤충들의 애벌레와 어른벌레는 대부분 전혀 다른 환경에서 자라며 먹이도 완전히 다릅니다. 이는 다 자란 어른벌레와 애벌레가 먹이를 가지고 경쟁을 해야 하는 상황을 피하기 위한 것입니다.

충분히 자란 애벌레는 번데기가 되는데, 애벌레 시기의 모든 근육과 신경, 구조가 다 사라지고 완전히 새로운 개체가 되어 세상에 나옵니다.

완전 탈바꿈을 하는 모나크나비

곤충이 알에서 어른벌레가 되는 과정은 발달 정도에 따라 조금씩 다릅니다. 진화된 곤충의 경우 알, 애벌레, 번데기, 어른벌레를 거치면서 각 단계마다 완전히 다른 모습으로 변신합니다. 이를 겉모습과 몸의 구조가 완전히 바뀌는 완전 탈바꿈(완전 변태)이라고 합니다. 무당벌레나 나비, 꿀벌, 딱정벌레 등이 완전 탈바꿈을 통해 어른벌레가 됩니다.

이들보다 조금 더 원시적인 곤충은 불완전 탈바꿈(불완전 변태)을 합니다. 메뚜기나 흰개미, 하루살이, 잠자리 등이 이에 속합니다. 불완전 탈바꿈을 하는 곤충은 알에서 깬 애벌레의 모습이 어른벌레와 비슷하며, 번데기 과정을 거치지 않고 허물벗기를 통해 어른벌레가 됩니다. 이 곤충들의 애벌레는 여러 번 허물벗기를 하는데, 허물을 벗을 때마다 조금씩 커지면서 어른벌레를 닮아 갑니다. 다 자란 잠자리 애벌레는 물속에서 살기 때문에 아가미를 가지고 있지만 어른 잠자리와 생김새가 비슷하며 어른벌레의 날개와 똑 닮은 날개싹을 가지고 있습니다.

이 외에도 톡토기나 좀벌레 같은 원시적인 벌레들은 탈바꿈을 하지 않습니다. 이들은 알에서 깨어 일정한 형태를 갖추면 조금씩 크기만 커질 뿐 형태가 변하지 않습니다.

불완전 탈바꿈을 하는 잠자리

수컷이 새끼를 낳는 해마

해마는 바닷물고기예요

물속에 꼿꼿이 서 있는 해마를 본 적이 있나요? 몸을 감싸고 있는 딱딱한 껍질을 보면 파충류 같기도 하고, 대롱처럼 비주룩한 입과 말 같은 머리를 보면 포유동물 같기도 해요.

바다의 말이라고 하는 해마의 정체를 알아볼까요?

해마는 바닷물고기랍니다. 부레도 있고 지느러미도 있지요. 헤엄을 잘 못 쳐서 평소에는 긴 꼬리로 해초를 감아쥐고 몸을 곧추세운 채 지내지만, 등지느러미를 흔들어 앞으로 나아갈 수도 있고 부레 속의 공기 양을 조절해 물속에서 오르내릴 수도 있지요.

헤엄을 잘 못 치는 물고기라니, 참 특이하지요?

그런데 이 특이한 물고기는 새끼를 낳는 모습도 독특해요. 몸을 굽혔다 폈다 하면 해마의 꼬리 쪽 구멍에서 새끼들이 쏙쏙 나오거든요. 물고기는 보통 알을 낳는데, 새끼를 낳는다니 그것도 참 독특한데, 더욱 놀라운 것은 새끼를 낳는 해마가 암컷이 아니라 수컷이라는 사실이에요!

수컷의 배 속에서 자라는 새끼

사실 해마도 알은 암컷이 낳아요. 그 알을 수컷이 제 몸속에 넣어 두는 거예요. 수컷 해마는 배 아래쪽에 알을 품을 수 있는 새끼주머니가 있거든요. 새끼가 알에서 깨면 새끼주머니 밖으로 나가는데, 이 모습이 마치 수컷이 새끼를 낳는 것처럼 보인답니다. 하지만 수컷은 새끼주머니에 알을 품었다가 새끼를 밖으로 내보내는 일만 할 뿐이에요. 수컷의 새끼주머니는 둥지와 같은 역할을 할 뿐, 포유류의 자궁처럼 영양분을 공급하지는 않아요. 그러니까 포유류가 몸속에서 새끼를 키워서 낳는 것과는 다르지요.

짝짓기 시기가 되면, 수컷 해마는 새끼주머니를 한껏 부풀리고 암컷의 주위를 맴돌아요. 부풀린 새끼주머니로 암컷의 눈길을 끄는 것이지요. 암컷은 수컷이 마음에 들면 수컷에게 다가가 배를 맞대고는, 긴 산란관을 수컷의 새끼주머니에 넣은 뒤 200여 개의 알을 주머니 속에 쏟아 내요. 그러면 암컷은 배가 홀쭉해지고 수컷은 배가 불룩해지지요. 이렇게 알을 받은 수컷은 2~6주 정도 알을 품고 있어요. 알에서 새끼가 깨면 수컷 해마는 새끼들이 몸 밖으로 쉽게 나갈 수 있도록 물풀에 꼬리를 감고 허리를 굽히듯 몸을 굽혔다 폈다 해요. 그러면 주머니의 입구가 벌어지면서 새끼가 세상 밖으로 나오지요. 보통은 한 번에 다섯 마리 정도씩 나오지만, 한 번에 한 마리씩 나오기도 해요. 그런 경우에는 새끼가 다 나오는 데 시간이 꽤 오래 걸리지요. 1cm 정도 되는 새끼 해마들은 태어나자마자 맨 먼저 물 위로 올라가 공기를 들이마셔서 부레를 채워요.

난생과 태생, 난태생

동물의 새끼가 태어나는 방법에는 크게 세 가지가 있습니다. 먼저, 닭이나 개구리처럼 알을 낳는 것을 '난생'이라고 합니다. 조류와 대부분의 파충류, 양서류가 알에서 태어납니다. 다음으로 사람이나 개, 말처럼 새끼를 낳는 방법으로, '태생'이라고 합니다. 태생으로 태어나는 것은 포유동물밖에 없습니다. 세 번째는 난생과 태생의 중간 형태로, '난태생'이라고 합니다. 수정란이 부화될 때까지 어미의 몸속에 있다가 새끼로 태어나는 경우지요. 해마를 비롯하여 망상어, 살무사, 상어 가운데 몇몇 특이한 종류들이 난태생입니다.

난태생과 태생은 보기에는 비슷합니다. 둘 다 똑같이 알이 아니라 새끼를 낳으니까요. 하지만 어미 배 속에서 어떻게 지내는가가 다릅니다. 난태생은 난생의 동물들이 알 속의 노른자에서 양분을 얻듯이, 어미의 배 속에서도 수정란의 노른자에서 영양분을 얻습니다. 어미는 그저 알을 몸속에 보관만 하고 있을 뿐 새끼에게 양분을 공급하지는 않습니다. 반면 태생의 동물들은 수정란이 부화될 때까지 어미가 영양분을 공급해 줍니다.

알에서 깬 거북(난생)

어미 젖을 빠는 송아지(태생)

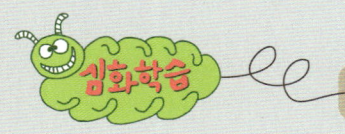

동물들의 짝짓기 행동

짝짓기 시기가 오면 동물들은 짝을 찾기 위해 특이한 행동을 합니다. 대부분 수컷들이 암컷에게 자신의 짝이 되어 달라고 보여 주는 행동입니다. 단순히 소리를 내거나 냄새를 풍기기도 하지만, 춤을 추어 보이거나 집을 지어서 보여 주는 등 독특한 행동을 하기도 합니다.

가장 흔한 것이 울음소리로 짝을 부르는 것입니다. 소리는 멀리까지 퍼지기 때문에 멀리 있는 짝도 부를 수 있습니다. 발정기를 맞은 고양이는 갓난아기의 울음소리 같은 소리로 밤늦도록 울어 대고, 개구리들도 논밭이 떠나갈 듯 개굴개굴 시끄럽게 울어 대며 암컷을 부릅니다. 한여름에 울려 퍼지는 쩌렁쩌렁한 매미 소리도 암컷을 부르는 소리지요. 이 밖에도 가을밤의 풀벌레 소리, 봄의 뻐꾸기 울음소리, 한밤의 소쩍새 울음소리도 짝을 찾는 소리입니다.

개구리

매미

냄새를 이용하여 짝짓기 상대를 부르는 경우에는 페로몬이라는 화학 물질을 이용합니다. 페로몬은 개미 같은 곤충에서부터 사람에 이르기까지 많은 동물들이 분비하는 것으로, 이 냄새는 짝짓기 상대를 유인하는 역할을 합니다. 아틀라스나방의 수컷은 몇 킬로미터 떨어진 곳에서도 민감한 더듬이로 암나방의 페로몬 냄새를 맡는다고 합니다.

짝짓기 상대의 마음을 얻기 위해 선물을 하기도 합니다. 대부분 작은 과일이나 꽃잎, 먹이 등을 선물하지요. 뿔논병아리는 물속에서 해초 다발을 물고 나와 짝에게 선물합니다. 물총새나 괭이갈매기처럼 암컷이 공격성이 강한 경우에도 수컷 새가 짝짓기를 하기 전에 선물을 합니다. 물

아틀라스나방

고기나 개구리 같은 먹이를 잡아서 선물로 주지요. 수컷 펭귄은 암컷 펭귄에게 돌을 주는데, 암컷은 돌을 보고 짝짓기를 할지 안 할지 반응을 보인다고 합니다.

물총새

이 밖에도 동물들은 짝짓기 상대를 찾기 위해 특이한 행동을 합니다. 공작이나 극락조는 총천연색의 화려한 꼬리 깃털을 펼쳐 보여 줍니다. 푸른발부비새 수컷은 양쪽 발을 번갈아 내디뎠다가 고개를 높이 들고 날개를 펼치며 휘파람 소리를 내는 춤을 반복해서 추어 보이고, 가시고기는 지그재그 모양으로 헤엄을 칩니다. 반딧불이는 꽁무니에 불을 밝혀 암컷에게 신호를 보냅니다. 바우어새 수컷은 꽃과 깃털, 돌멩이와 플라스틱 조각 등을 물어 와 아름다운 정원을 꾸며서 암컷에게 보여 주지요.

동물들이 짝짓기 행동을 하는 첫 번째 이유는 같은 종임을 확인하기 위해서입니다. 이 행동은 일종의 의사소통 방법이기 때문에 이것이 통하지 않는 상대는 같은 종이 아니라는 것을 알 수 있습니다. 또 암컷과 수컷이 길고 복잡한 과정을 거쳐 짝짓기를 할수록 이후에 새끼를 키울 때도 함께 힘을 합쳐 키우는 경우가 많다고 합니다.

공작

푸른발부비새

결국 짝을 찾기 위해 하는 독특한 행동은 단순히 짝짓기 상대를 고르는 것뿐만이 아니라 오랜 시간 동안 새끼를 키우며 함께 살아갈 짝을 고르기 위해 치르는 의식이라고도 볼 수 있겠지요.

젖을 먹여 새끼를 키우는 바퀴벌레, 갑옷바퀴

평생 한 번밖에 낳지 못하는 소중한 새끼들이랍니다

바퀴벌레는 끈질긴 생명력으로 유명하지요. 빙하기에도 살아남았고, 핵폭탄이 떨어져도 살아남을 것이라는 말이 있을 정도니까요.

대부분의 바퀴벌레는 알을 낳아 번식을 해요. 바퀴벌레 암컷은 알주머니를 낳아 배 꽁무니에 달고 다니거나 다른 물체에 붙여 놓지요. 하지만 바퀴벌레의 알 가운데 무사히 깨어 어른 바퀴벌레가 되는 것은 얼마 되지 않아요. 대부분 적들의 먹이가 되고 마니까요. 그래서인지 바퀴벌레는 알을 많이 낳아요. 좀 더 많은 새끼가 살아남아야 하니까요. 이질바퀴벌레는 1년에 500개 정도 알을 낳고, 독일바퀴벌레는 3주마다 꼬박꼬박 30~40개의 알을 낳는답니다.

그런데 평생에 한 번밖에 알을 낳지 못하는 바퀴벌레가 있어요. 바로 갑옷바퀴랍니다. 갑옷바퀴의 암컷은 평생에 딱 한 번, 2~4개의 알주머니를 낳아요. 이 알주머니에는 20~30개의 알이 들어 있답니다.

어렵게 얻은 새끼이기 때문일까요? 갑옷바퀴는 새끼 키우는 법도 남다르답니다. 놀랍게도 젖을 먹여 새끼를 키워요. 포유동물도 아닌 갑옷바퀴가 어쩌다 젖을 먹여 새끼를 키우게 되었을까요?

나무를 소화시킬 균이 필요해요

바퀴벌레 하면 지저분하고 병균을 옮기는 곤충이라는 사실이 떠오릅니다. 그래서 사람들은 집 안의 바퀴벌레를 없애려고 노력하지요. 하지만 4천 종이나 되는 바퀴벌레 가운데 사람에게 피해를 주는 것은 사람과 함께 살아가는 20여 종에 지나지 않는답니다. 나머지 바퀴벌레들은 자연 속에서 살아가기 때문에 사람한테 아무 피해도 주지 않아요.

갑옷바퀴도 마찬가지예요. 숲에서 사는 갑옷바퀴는 흰개미처럼 썩은 나무를 먹고 살아요. 그런데 나무의 섬유소를 분해해서 소화를 하려면 공생균이라는 균이 필요하지요. 하지만 갓 태어난 새끼 갑옷바퀴한테는 공생균이 없어요. 그래서 어미 갑옷바퀴는 공생균과 영양분이 섞여 있는 자신의 배설물을 새끼에게 먹입니다.

어미 갑옷바퀴는 공생균이 새끼 갑옷바퀴의 장 속에서 살게 되어 새끼 스스로 나무를 소화시킬 수 있을 때까지 계속 배설물을 먹입니다. 그러면서 부모 갑옷바퀴들은 새끼의 몸을 쓰다듬어 주고, 새끼들이 먹기 좋도록 나무를 잘게 부수어 주기도 해요.

공생균이 새끼의 장 속에서 살게 된 뒤에는 하루에 2~3번씩 새끼에게 젖을 먹여요. 갑옷바퀴의 젖은 어미의 배와 다리가 연결되는 부분에서 나와요. 이 부분에 옴폭하게 들어간 곳이 수십 군데 있는데, 거기에 젖이 고이면 새끼들이 와서 빨아 먹는답니다. 과학자들은 갑옷바퀴의 젖에 영양분과 성장 촉진 호르몬 등이 들어 있을 것으로 추측해요.

지극한 부부 사랑, 자식 사랑

갑옷바퀴는 우리나라, 일본, 중국의 고산 지대에서만 발견되어요. 먹이라고는 썩은 나무뿐이고 빨리 추워지는 곳에서 살기 때문에, 11월 정도면 배 속을 비우고 이듬해 3월까지 겨울잠을 자지요. 그러다 보니 번식할 기회가 줄어들고 성장 속도도 느릴 수밖에 없어요. 그래서 갑옷바퀴는 적은 수의 새끼를 오랫동안 정성들여 키우는 방식으로 번식을 하게 되었어요.

갑옷바퀴의 수명은 8~9년 정도인데, 다 자라서 새끼를 낳기까지 5년이나 걸려요. 우리가 흔히 보는 바퀴벌레의 수명이 1년~1년 반 정도이고 4~6개월이면 새끼를 낳을 수 있는 어른벌레가 되는데 비하면, 갑옷바퀴는 수명도 길고 어른벌레가 되기까지 무척이나 시간이 오래 걸리는 셈이에요.

갑옷바퀴는 암컷과 수컷이 만나 짝짓기를 하면 평생을 함께 살아요. 암컷이 평생에 딱 한 번, 알집 2~4개를 낳고 한 달 정도가 지나면 한 알집에서 30마리쯤 새끼가 나오지요. 그러면 부부가 함께 그렇게 3년 정도, 죽을 때까지 같이 새끼들을 돌본답니다.

갑옷바퀴는 1996년 한국의 곤충학자 박영철 박사가 강원도 홍천군 계방산에서 처음 발견했어요. 부부 갑옷바퀴와 새끼들이 쓰러진 썩은 나무 속에 6~7cm 길이의 굴을 파고 살고 있었지요. 이후 갑옷바퀴는 2001년 국제 학회에 신종 바퀴벌레로 보고되었고 지금도 계속 연구되고 있답니다.

빙하기에도 살아남은 곤충, 바퀴벌레

곤충이 지구 상에 나타난 것은 거의 3억 5천만 년 전입니다. 바퀴벌레도 초기에 생겨난 곤충으로 지금까지 예전의 모습을 유지하며 살아가고 있습니다. 지금의 모습이 3억 2천만 년 전의 모습과 같아 '화석 곤충'이라고도 합니다. 그동안 여러 번의 빙하기와 지각 변동이 있었지만 바퀴벌레는 끄떡없이 살아남았지요.

바퀴벌레의 이런 끈질긴 생명력은 무서운 적응 능력에 있습니다. 바퀴벌레의 종수는 지금까지 알려진 것만 4,000여 종이 넘으며 생활 양식도 주위 환경에 따라 다릅니다. 무리가 커질수록 생장 속도가 빨라지는 특성이 있으며, 대개 한 번에 낳는 알의 수가 많고, 새끼가 어른벌레가 되는 기간이 짧아 그 수가 빠르게 늘어나지요. 아무것이나 가리지 않고 먹어 치우는 식성도 바퀴벌레가 오랫동안 험한 환경에서도 살아남는 데 도움을 주었습니다.

최근 들어 사람들의 환경 파괴로 수많은 생명체가 멸종 위기에 처했지만, 바퀴벌레는 이 환경에도 적응했습니다. 사람이 사는 곳에 적응하여 더욱 왕성하게 번식을 하고 있지요.

독일바퀴

미국바퀴

흙 속에 알을 묻는 무덤새, 메거포드

꼭 알을 품어야 하나요?

　새들은 모두 알을 낳아요. 이 알을 일정 기간 동안 품어 주면 새끼 새가 태어나지요. 새가 알을 품는 것은 알이 깨는 데 필요한 온도와 습도를 유지해 주기 위해서예요.

새들은 정성껏 알을 품어요. 잠시도 자리를 뜨지 않고, 알이 골고루 데워지도록 부리나 발로 알의 위치를 바꿔 주면서 말이에요. 알을 품어야 하는 시기에는 알 위에 항상 어미 새나 아비 새가 앉아 있어요. 새들은 보통 몸 아래에 '육반'이라는 부분이 발달되어 있어요. 육반은 깃털이 없는 맨살 부분으로 다른 곳보다 온도가 높아 알을 품기에 좋지요.

알을 품고 있는 새는 목이 말라도, 배가 고파도 꼼짝달싹하지 않아요. 혹시라도 먹이를 먹으러 간 사이에 찬 공기가 알에 닿아 알이 상할 수도 있고, 둥지에 적이 침입해서 알을 훔쳐 갈 수도 있으니까요.

그런데 오스트레일리아의 산림 지대에 사는 메거포드는 알을 품기는커녕 낳자마자 흙 속에 묻어 버린답니다. 어미 새가 정성을 다해 알을 품어도 새끼가 깰까 말까 한데, 메거포드는 무슨 배짱으로 알을 흙 속에 파묻어 버리는 걸까요?

부모 대신 무덤이 알을 품어 줘요

무덤에 묻듯이 알을 묻는다고 하여 메거포드를 '무덤새'라고도 해요.

그런데 메거포드가 알을 묻는 무덤은 그냥 흙무덤이 아니에요. 부모 메거포드가 알들을 묻어 부화시키려고 정성껏 만든 무덤이지요. 메거포드가 흙무덤 하나를 만드는 데는 11개월이나 걸리기도 한답니다.

메거포드의 수컷은 볕이 잘 드는 곳에 낙엽이나 잔가지, 시든 풀잎 같은 식물을 커다란 발로 긁어모으거나 부리로 물어 와 차곡차곡 쌓아서, 지름 4~5m, 높이 1m 정도 되는 둥그런 무덤을 만들어요. 비가 와서 무덤이 젖으면 그 위에 50cm 정도 두께로 모래흙을 덮지요. 시간이 지나 무덤 속에 있는 낙엽과 나뭇가지가 썩으면서 열을 내면 무덤의 온도가 올라가요. 온도가 30℃ 정도가 되면 수컷이 작은 구덩이를 파고 그곳에 암컷이 알을 낳지요.

온도 유지가 중요해요

그러나 알을 품어 줄 무덤을 만들었다고 해서 모든 일이 끝난 것은 아니에요. 새의 알은 일정한 온도로 품어 줘야 부화가 되는데, 기온의 변화로 무덤의

온도가 지나치게 올라가거나 내려가면 새끼가 알에서 깨기도 전에 죽어 버리지요.

그래서 아비 메거포드는 늘 무덤 주위를 맴돌며 무덤의 온도를 잰답니다. 놀랍게도 아비 메거포드의 '부리'가 온도계 역할을 해요. 아비 메거포드는 무덤에 부리를 꽂고 온도를 잰 다음, 무덤의 온도를 조절하지요. 알이 부화하는 온도인 33℃보다 온도가 높으면 흙과 낙엽을 조금 덜어 내어 공기가 통하게 해서 온도를 낮춰요. 반대로 무덤 온도가 낮으면 흙을 좀 더 덮어 무덤을 따뜻하게 하지요.

아비 새의 그런 노력 덕분에 알이 무덤에 묻힌 지 40~49일이 지나면 새끼 메거포드가 알에서 깨어요. 알에서 깨는 방식도 독특해서 다른 새들처럼 부리로 껍데기를 깨는 것이 아니라, 날카롭고 튼튼한 발톱으로 껍데기를 깨고 나온답니다.

알을 무덤 속에 파묻는 부모 새처럼 새끼 메거포드 역시 보통이 아니에요. 알에서 깨자마자 무거운 흙무더기를 헤치고 나와 팔짝팔짝 뛰어다닌답니다. 눈도 뜨지 못하고 움직이지도 못하는 다른 새끼 새들과 달리, 눈을 뜬 채로 나올 뿐만 아니라 깃털도 다 나 있고 힘도 세어 먹이를 쫓거나 달릴 수도 있어요. 그리고 1~2일만 지나면 솜씨 좋게 날아오르기까지 한답니다.

새들의 둥지

둥지는 새들의 집으로, 새들이 알을 낳고 새끼를 기르며 살아가는 곳입니다. 보통 주변에서 구하기 쉬운 나뭇잎이나 잔가지, 거미줄, 진흙 등을 이용해 둥지를 만들고 이끼나 깃털, 짐승의 털을 깔아 살기 좋게 꾸밉니다. 나무 구멍이나 작은 바위 구멍을 둥지로 삼는 경우도 많고요. 지름 2cm 정도인 벌새의 둥지부터 지름 2m에 무게가 1t 가까이 되는 독수리 둥지까지 크기가 다양합니다.

베짜는새

메거포드처럼 남들과 다른 특별한 둥지를 짓는 새도 있습니다. 서아프리카에 사는 베짜는새는 부리와 다리로 가느다란 나뭇가지들을 매듭지어서 트럼펫 모양의 둥지를 짓습니다. 입구는 깔때기 모양으로 만들어 뱀이 들어오지 못하게 하지요. 검은머리베짜는새는 적이 다가오지 못하도록 높은 나뭇가지에 둥지를 만듭니다. 풀로 엮어 만든 종 모양의 둥지는 높은 가지에 종처럼 거꾸로 매달려 있습니다.

제비

둥지를 짓지 않는 새도 있습니다. 남에게 알을 맡겨 새끼를 키우는 뻐꾸기나 물가에 사는 제비갈매기 같은 새는 둥지가 허술하기 짝이 없습니다. 반면, 제비나 황새 등은 각종 재료에 침을 섞어 단단한 둥지를 짓습니다. 제비나 황새는 철새이기 때문에 계절에 따라 이동을 하는데, 해마다 원래의 둥지로 되돌아와 같은 둥지를 사용합니다.

황새

형제를 잡아먹고 태어나는 강남상어

엄마 배 속에서 살아남기

동물의 세계에서는 살아남기 위한 생존 경쟁이 치열해요. 천적 관계는 말할 것도 없고, 같은 종끼리도 다툼이 끊이지 않지요. 먹이는 물론이고 보금자리와 짝짓기 상대를 얻기 위해서도 치열하게 경쟁을 해야 해요. 한배에서 태어난 형제끼리도 예외는 아니에요. 부모 새가 물어 온 먹이를 서로 먼저 먹으려고 부리를 한껏 벌리고 빽빽 울어 대는 새끼 새들의 모습이나, 어미젖을 빨기 위해 서로 젖꼭지를 차지하려고 다투는 강아지나 새끼 돼지들의 모습을 흔히 볼 수 있지요.

그런데 어미의 배 속에서부터 치열하게 경쟁하는 물고기가 있어요. 심지어 형제를 잡아먹기까지 한답니다! 그 무시무시한 물고기는 바로 강남상어예요.

형제를 잡아먹고 자라요

강남상어 암컷의 몸에는 아기집(자궁)이 두 개 있어요. 암컷은 이 두 아기집

에 각각 6~8개의 알을 품고 있는데, 새끼들이 알에서 나오는 순간부터 치열한 생존 경쟁이 시작되지요.

보통 알에서 갓 깬 새끼들은 깨자마자 먹이를 먹기 시작해요. 노른자의 영양분을 다 먹어 버린 뒤라서 몹시 배가 고프니까요. 곤충의 애벌레들은 근처에 있는 나뭇잎을 먹어 치우지요.

그런데 강남상어의 새끼들은 엄마 배 속에서 깨기 때문에 주위에 먹을 것이 없어요. 눈앞에 있는 것은 형제가 깰 알밖에 없지요. 그래서 형제가 자라고 있는 알을 먹는답니다. 이때 미처 알에서 깨지 못한 새끼는 물 구경도 못 하고

제 형제의 입으로 들어가지요. 몸집이 작거나 힘이 없는 새끼 역시 크고 힘센 새끼에게 잡아먹히고요.

그렇게 한 아기집에서 두 마리씩, 모두 네 마리의 새끼가 나와요. 형제를 잡아먹고 끝까지 살아남은 최후의 승리자가 세상에 태어나는 거예요.

깊은 바다에서 살아가는 순한 상어랍니다

강남상어는 열대와 온대 지방의 바다에 널리 퍼져 사는데, 지느러미는 작은 편이지만 눈이 아주 커요. 주로 수심 300m가 넘는 깊은 바다에서 지내다가, 밤이 되면 먹이를 찾아 좀 더 얕은 바다로 올라가지요. 밤에 사냥하는 강남상어의 눈은 빛에 민감해서 빛을 내는 꼴뚜기나 오징어류를 잘 찾아내요.

형제를 잡아먹고 태어난 강남상어는 얼마나 무시무시할까요?

그런데 엄마 배 속에서 나온 40cm 남짓한 새끼 상어는 전혀 사납지 않아요. 오히려 아주 순하지요. 공격을 당하지 않는 한 먼저 공격하는 법도 없어요. 그뿐만 아니라 사람도 잘 따라서 어떤 나라에서는 수족관에서 가장 인기를 끄는 동물로 손꼽히기도 한답니다.

사실, 알고 보면 사람을 공격하는 상어는 몇 안 돼요. 흔히 '조스'라고 하는 청상아리와 백상아리 등 몇몇 상어만이 사람을 공격해요. 이들은 다친 물고기의 몸에서 나는 피 냄새를 맡고 먹이를 사냥하거나, 다른 물고기가 다 잡아 놓은 먹이를 중간에서 냉큼 가로채지요. 하지만 대부분의 상어들은 그리 난폭하지 않아요.

특별한 물고기, 상어

날카로운 이빨을 번뜩이며, 몇 킬로미터나 떨어진 곳에서도 피 냄새를 맡고 먹이를 찾아오는 상어. 바다의 무법자로 이름난 상어는 여느 물고기와 다른 점이 많습니다.

우선 상어는 연골어류로 뼈대가 고무처럼 가볍고 탄력이 있습니다. 그 덕분에 힘차고 빠르게 헤엄을 칠 수 있지요. 게다가 척추가 꼬리의 끝 부분까지 이어져 있어서 꼬리의 추진력도 매우 강합니다. 하지만 지느러미가 유연하지 않아, 다른 물고기들처럼 뒤로 헤엄치거나 한곳에 머물러 있기는 힘들지요. 지느러미의 각도만 조절하여 상하좌우의 방향을 조절합니다.

숨 쉬는 방법도 아주 독특합니다. 상어는 가슴지느러미 윗부분에 있는 5개의 아가미 구멍으로 숨을 쉬는데, 아가미 뚜껑이 경골어류의 아가미처럼 근육으로 만들어져 있지 않기 때문에 물을 가두어 놓고 숨을 쉴 수가 없습니다. 즉, 계속해서 아가미 구멍으로 새로운 물이 들어와야 산소를 받아들일 수 있습니다. 그래서 상어는 잠을 잘 때에도 계속 헤엄을 칩니다.

물고기들은 보통 몸속의 부레를 이용해 물속에서 떴다 가라앉았다 할 수 있습니다. 하지만 상어는 부레가 없기 때문에 헤엄을 치지 않으면 그냥 가라앉습니다. 그래서 상어는 부레 대신 간에 있는 기름기를 이용해 떴다 가라앉았다 합니다. 수면 근처에서 먹이를 잡는 돌묵상어는 간이 아주 커서 천천히 헤엄치면서도 물 표면에 머무를 수 있지요.

헤엄치는 백상아리

쇠똥에 알을 낳는 쇠똥구리

똥 없이는 못 살아

쇠똥구리라는 곤충을 아세요?

쇠똥구리는 우리가 운동회에서 커다란 공을 굴리듯, 쇠똥(소의 똥)을 굴린답니다. 쇠똥구리라는 이름도 그래서 붙은 것이죠. 그런데 쇠똥구리는 그냥 똥을 굴리기만 하는 것이 아니에요. 쇠똥구리는 똥을 먹는답니다. 그뿐만 아니라 똥 속에 알도 낳지요. 쇠똥구리에게 똥은 없어서는 안 되는 귀중한 것이랍니다. 똥을 먹고, 똥 속에 알까지 낳다니, 너무 지저분하다고요? 정말 그럴까요?

쇠똥구리는 풍뎅잇과의 곤충으로, 아프리카의 초원이나 인도의 사막, 아마존의 밀림 등 똥이 있는 곳이라면 어디에서든 살지요. 쇠똥구리는 다른 동물들이 눈 똥을 먹으며 살아가요. 왜 하필 똥을 먹느냐고요?

똥은 안전하고, 어렵지 않게 구할 수 있는 먹이예요. 동물들이 똥을 계속 누니 먹이가 부족할 염려도 없고, 똥은 살아 있는 생물이 아니기 때문에 공격도 하지 않아요. 그래서 쇠똥구리들은 서로 똥을 차지하려고 치열하게 경쟁을 해요. 누군가 똥을 누기가 무섭게 여러 종류의 쇠똥구리들이 앞다투어 달려들어 똥을 가져가지요. 심지어 나무늘보나 왈라비의 엉덩이 털에 붙어서 똥을 기다리는 쇠똥구리도 있답니다.

쇠똥구리는 어떤 동물의 똥이든 가리지 않아요. 초식 동물의 똥을 가장 좋아하긴 하지만요. 우리 나라에 사는 쇠똥구리들이 주로 소의 똥을 먹기 때문에 쇠똥구리라는 이름이 붙었는데, 아프리카의 얼룩말과 원숭이, 히말라야의 코끼리, 오스트레일리아의 캥거루와 나무늘보에 이르기까지 동물들이 눈 똥은 모두 쇠똥구리의 먹이가 된답니다. 사람의 똥도 물론이고요.

똥 경단을 빚어요

쇠똥구리는 동물이 똥을 누면 똥 냄새를 맡고 똥을 찾아갑니다. 쇠똥구리가 특히 좋아하는 초식 동물의 똥은 코끼리나 소의 똥으로 양이 아주 많지요. 쇠똥구리는 코끼리나 소가 눈 똥에서 자기가 굴릴 수 있을 만큼의 똥을 앞다리로 그러모아요. 쇠똥구리의 앞다리는 끝 마디가 넓고 가장자리가 톱니 모양으로 생겨 똥을 그러모으거나 뭉치기에 알맞지요. 쇠똥구리는 그러모은 똥을

입과 앞발로 뭉쳐서 공처럼 둥근 모양의 경단을 만들어요. 이 경단을 땅 위에서 굴리면 흙이나 풀 등과 섞여 점점 더 단단해지지요.

  쇠똥구리는 경단을 굴릴 때 물구나무서는 듯한 자세로 서서 뒷다리로 똥을 밀며 굴려요. 완성된 똥 경단은 땅속 집으로 가지고 가서 똥 속에 있는 미생물이나 구더기 등을 먹지요. 물도 똥 속에 있는 수분에서 얻고요. 사막에 사는 쇠똥구리는 단단하고 메마른 똥을 모아 모래 속 깊숙이 묻어 두었다가, 똥이 땅속의 습기를 빨아들여 먹기에 좋아지면 그때 먹기도 해요.

쇠똥구리한테는 너무도 소중한 똥! 똥은 쇠똥구리의 먹이이기도 하고, 고향이기도 합니다. 쇠똥구리들은 똥에서 태어나니까요!

똥 덩어리에 알도 낳아요

어른 쇠똥구리와 마찬가지로 쇠똥구리 애벌레도 똥을 먹고 자라요.

그래서 쇠똥구리는 알에서 나온 애벌레가 쇠똥을 가장 쉽게 먹을 수 있도록, 아예 똥 속에 알을 낳아요. 똥 속에서 깬 애벌레는 깨자마자 바로 먹이를 먹기만 하면 되지요.

짝짓기 시기가 되면 쇠똥구리 수컷은 똥으로 공처럼 동그란 경단을 만들어요. 암컷은 수컷이 경단을 만드는 모습을 보고 있다가 수컷이 마음에 들면 수컷의 뒤를 따라가지요. 이때 암컷은 경단 위에 올라타기도 하고, 수컷과 함께 사이좋게 경단을 굴리기도 해요. 그런 다음 부드러운 흙이 있는 곳에 똥 경단을 묻고 짝짓기를 해요. 짝짓기가 끝나면 똥 경단 속에 알을 낳지요.

쇠똥구리의 암컷은 똥 경단 하나에 알을 하나씩만 낳는데, 똥 경단에서 조롱목처럼 톡 튀어나온 곳에 알을 낳지요. 똥 경단 한복판에는 절대로 알을 낳지 않아요. 똥 경단 한복판은 안전하기는 하지만 공기가 잘 통하지 않거든요. 이처럼 알에서 깬 애벌레가 숨이 막혀 죽지 않도록 통풍까지 고려해 알을 낳는답니다.

푸른 들판을 지키는 파수꾼, 쇠똥구리

똥을 먹는 쇠똥구리는 들판을 푸르게 지키는 훌륭한 청소부입니다. 목축이 발달한 지역에서는 똥을 먹는 쇠똥구리의 역할이 더욱 중요합니다.

1960년대에 오스트레일리아는 소와 양의 배설물 문제로 골치를 썩었습니다. 이 골치 아픈 문제를 해결한 것이 외국에서 수입한 쇠똥구리였습니다. 물론 오스트레일리아에도 토종 쇠똥구리가 있었지만, 이들은 캥거루나 코알라의 똥 같은 적은 양의 똥만 처리할 수 있었습니다. 외국에서 들여온 소와 양이 배설하는 엄청난 양의 똥까지 처리하지는 못했지요. 곧 소와 양의 똥이 온 들판을 뒤덮게 되었고, 이와 함께 파리가 엄청나게 많아졌지요. 그래서 아시아, 유럽, 아프리카 등지에서 24종의 쇠똥구리를 수입했어요. 이 쇠똥구리들의 활약 덕분에 오스트레일리아의 목초지는 푸름을 되찾았답니다.

아프리카 초원이 깨끗한 것도 쇠똥구리 덕분입니다. 코끼리들이 엄청난 양의 똥을 누면 쇠똥구리가 몇천, 몇만 마리씩 몰려와 한두 시간 안에 똥을 말끔히 치우지요.

또 쇠똥구리는 땅을 기름지게 합니다. 동물의 똥 속에는 땅을 기름지게 하는 질소 성분이 들어 있습니다. 하지만 똥이 흙에 덮여 있지 않으면 똥 속의 질소가 공기 중으로 날아가 버리지요. 쇠똥구리는 먹고 남은 똥을 흙 속에 파묻어 두는 버릇이 있어요. 그 덕분에 질소가 땅 속에 남아 땅을 기름지게 하고 식물의 성장을 돕는답니다.

똥 경단을 굴리는 쇠똥구리

동물 카드 활동 자료

앞면에는 사진과 그림이, 뒷면에는 해당 동물의 설명이 있는 동물 카드입니다.
동물 카드를 잘라 다양하게 활용해 보세요.

• 동물 맞히기 퀴즈
친구들과 카드를 똑같이 나눠 가집니다. 카드 앞면이 보이도록 들고 뒷면의 설명을 읽어 주며, 어떤 동물인지 맞혀 보게 하세요. 답을 맞히면 맞힌 사람이, 맞히지 못하면 문제를 낸 사람이 카드를 가집니다. 카드를 가장 많이 얻은 사람이 이깁니다.

• 독특한 동물 기억하기 게임
카드 뒷면이 보이도록 바닥에 늘어놓습니다. 5분 동안 다 함께 카드 내용을 빠르게 읽은 다음 다시 카드를 뒤집어 앞면이 보이도록 늘어놓습니다. 앞면의 그림을 보고 뒷면에 적힌 해당 동물의 독특한 점을 맞힙니다. 가령 플라나리아의 사진을 보고 '몸이 두 개가 되는 플라나리아'라고 말하여 내용을 맞히면 카드를 가집니다. 카드를 가장 많이 모은 사람이 이깁니다.

• 숙제 자료
사진이나 그림을 붙여야 하는 숙제를 할 때, 오려 붙일 수 있습니다.

잠자리
잠자리의 겹눈은
3만여 개의 낱눈이 모여 있어서
다른 곤충의 움직임을 빨리
알아챌 수 있어요. 게다가
위아래, 옆과 뒤까지
볼 수 있지요.

플라나리아
플라나리아는 몸통을
둘로 자르면 잘린 몸이 각각
다른 플라나리아로 자라납니다.
플라나리아의 놀라운 재생력은
몸에 있는 신성 세포 덕분이지요.

은어
은어는 환경에 따라
이빨 모양이 바뀌어요.
회귀성 물고기인 은어는
바다에서 생활할 때는 원뿔 모양,
강의 상류에서 생활할 때는
갈퀴처럼 생긴 이빨이 나지요.

아르마딜로
열대 초원에서 곤충을
먹고 사는 아르마딜로는
여느 포유동물과 달리
딱딱한 껍데기에 덮여 있어요.
덕분에 적으로부터
몸을 지킬 수 있답니다.

산호
아름다운 산호는
식물처럼 보이지만
사실 동물이랍니다.
먹이를 잡아먹기도 하고
물속에 알과 정자를 뿌려
번식도 한답니다.

캥거루쥐
메마른 사막에서 사는
캥거루쥐는 물을 거의
마시지 않고도 살 수 있어요.
오줌을 아주 적게 누는 등,
몸에서 수분이 최대한 적게
빠져나가는 법을 발달시켰지요.

자라
강이나 호수에서
작은 물고기나 곤충을 먹고 사는
자라는 허파뿐만 아니라
목구멍으로도 숨을 쉬어요.
물속에서 숨을 쉬기 위해서지요.

오리너구리
오리너구리는 비버처럼
넓적한 꼬리와 오리처럼
넓적한 부리, 너구리와 닮은 몸통,
발에는 물갈퀴가 있는 특이한
외모를 가졌어요. 게다가
포유동물이면서도 알을 낳는답니다.

민달팽이
민달팽이는 여느 달팽이와
달리 껍데기가 없어요.
껍데기에 몸을 숨길 수는 없지만
대신 몸이 가벼워 적이 나타나면
재빨리 도망칠 수 있어요.

메기
메기는 물고기이지만
비늘이 없어요. 대신 여느
물고기보다 피부가 두껍고,
피부 위를 덮고 있는 미끌거리는
점액이 외부의 충격으로부터
메기를 보호하지요.

라마
라마는 남아메리카의
고원 지대에서 짐을 싣고
가파른 산을 오르내리며 사람을
돕는 '안데스의 발'로 불려요.
혹은 없지만 낙타의 한 종류이지요.

폐어
아프리카나 남아메리카,
오스트레일리아의 늪지대에서
사는 폐어는 물고기인데도
공기 중에서 숨을 쉴 수 있어요.
공기 호흡을 할 수 있는
폐가 있기 때문이지요.

피파개구리
남아메리카의 아마존 강이나
오리노코 강 부근에 사는
피파개구리는 혀가 없어요.
대신 예민하고 긴 발가락이 있는
앞발로 먹이를 움켜잡아서
사냥을 하지요.

유럽무족도마뱀
유럽무족도마뱀은 여느
도마뱀과 달리 다리가 없어서
뱀처럼 보여요. 하지만 눈꺼풀이
있고 입을 크게 벌릴 수 없다는
점 등 도마뱀의 특성을
지니고 있답니다.

고래
고래는 바다에 살지만
포유동물이에요.
그래서 아가미로 숨을 쉬지
않고 물 밖으로 나와
폐로 숨을 쉬지요.

개미핥기
남아메리카의 열대 초원이나
삼림 지역에 사는 개미핥기는
포유동물이지만 이빨이 없어요.
대신 긴 혀를 이용해서
개미 사냥을 하지요.

두더지
굴 파기의 명수 두더지는
어둡고 답답한 땅속에서 살아요.
위험한 천적이 많고
먹이 경쟁이 심한 땅 위보다
땅속이 훨씬 안전하고
살기에 좋으니까요.

톡토기
톡토기는 남극의
혹독한 추위에도 살아남은
곤충이에요. 몸속의 부동액
덕분에 영하 70℃를 밑도는
추위에도 살아갈 수 있어요.

쟁기발두꺼비
쟁기발두꺼비는 메마른
사막에서 살아가요.
비가 올 때까지 땅속 깊은 굴에서
살다가 비가 내리기 시작하면
땅 위로 올라온답니다.

강돌고래
강돌고래는 바다가 아니라
강에서 살아가는 돌고래예요.
사람들과 특히 가까이 지내는
강돌고래는 최근 댐 건설 등으로
멸종 위기에 몰리고 있어요.

나무늘보
중앙아메리카와 남아메리카의
무더운 숲에 사는 나무늘보는
평생 동안 나무에서만 살아요.
나무에는 먹을 것도 많고
사나운 동물들의 공격도
피할 수 있답니다.

물거미
물거미는 물속에서 살아요.
산소통과 같은 역할을 하는
공기 방울을 이용해 물속에서도
숨을 쉬고 살 수 있지요.
물거미는 거미줄을 치지 않고
헤엄쳐 다니면서 사냥을 해요.

타조
날지 못하는 새 타조는
여러 암컷이 한 둥지에 알을 낳아요.
독수리 같은 알 도둑들로부터
알을 지키기 위해서랍니다.
날지는 못해도 빨리 달릴 수 있어요.

명주잠자리
명주잠자리는 천적을 피해
모래땅에 알을 낳아요.
명주잠자리의 애벌레는
개미귀신이라고 부르는데,
이름만큼 개미 사냥에
뛰어난 능력이 있답니다.

해마
헤엄을 잘 못 치는 물고기 해마는
암컷이 낳은 알을 수컷이
자신의 몸 안에 품어요. 알에서
새끼가 깨면 물 밖으로 내보내는데,
그 모습이 마치 수컷이 새끼를
낳는 것처럼 보인답니다.

맵시벌
맵시벌은 살아 있는
애벌레의 몸에 알을 낳아요.
맵시벌의 애벌레가 깼을 때
다른 애벌레의 살을 파먹으면서
안전하게 자라게 하기
위해서예요.

강남상어
강남상어의 알은
어미 배 속에서 깨요.
이때 알에서 먼저 깬 새끼들이
아직 깨지 않은 알들을
먹어 버린답니다.

메거포드
메거포드는 알을 낳으면
품지 않고 흙 속에 묻어요.
메거포드가 만든 흙무덤은
부모 대신 알을 부화시켜 주지요.
아비 메거포드는 무덤의 온도를
조절해 알이 부화할 수 있게 해요.

갑옷바퀴
갑옷바퀴는 평생에
한 번밖에 알을 낳지 못해요.
그리고 포유동물도 아닌데 젖을 먹여
새끼를 키운답니다. 갑옷바퀴의
젖에는 영양분과 성장 촉진 호르몬이
있을 거라고 추측해요.

쇠똥구리
쇠똥구리는 똥을 먹고 살고
똥에 알을 낳는답니다.
그래서 소나 말이 똥을 누면
여러 종류의 쇠똥구리들이
똥 덩어리를 차지하려고
앞다투어 달려들지요.

참고도서 목록

〈백과사전〉
1. 브리태니커 백과사전
2. 두산 encycolpedia

〈단행본〉
C. M. Perrins, 《동물대백과 조류편 7, 8》, 아카데미 서적, 1988
심재한, 《꿈꾸는 푸른 생명 거북과 뱀》, 다른세상, 2001
이학영·조성장·박소정, 《세밀화로 그린 보리 어린이 민물고기 도감》, 보리, 2007
최기철, 《우리 민물고기 100가지》, 현암사, 2006
최윤, 《상어-지성자연사박물관2》, 지성사, 1999
마이클 메어스, 《사막이 부른다》, 해나무, 2007
김정환, 《곤충의 사생활 엿보기》, 당대, 2001
사이 몽고메리, 《아마존의 신비, 분홍돌고래를 만나다》, 돌베개, 2008
한정기, 《바다의 정글, 산호초》, 지성사, 2008
존 롱드·존 미친슨, 《동물 상식을 뒤집는 책》, 해나무, 2011
울리히 슈미트, 《동물들의 비밀 신호》, 해나무, 2008
나탈리 엔지어, 《살아 있는 것들의 아름다움》, 해나무, 2003
마르쿠스 베네만, 《동물들의 생존게임》, 웅진지식하우스, 2010
김무상, 《어류의 생태》, 아카데미 서적, 2003

〈잡지 및 논문〉
임문순, 〈물거미 생태 이야기〉, 뿌리 통권 29호, 2008
문화재청, 〈연천 은대리 물거미 서식지 보호 방안 연구보고서〉, 문화재청, 2007
박영철, 〈Behavioral ecology, molecular phylogeny and biogeography of the Korean wood-feeding cockroaches〉, 서울대학교 박사학위 논문, 2002

〈웹사이트〉
http://ko.wikipedia.org (출처가 전문서인 구절 이용)
http://animals.nationalgeographic.com
http://www.australianfauna.com/
http://animaldiversity.ummz.umich.edu

사진 출처

(14p)촌충ⓒrebin1605 | Dreamstime.com (14p)플라나리아ⓒPuuik ibeach | flicker.com (19p)고양이ⓒGrecu Mihail Alin | Dreamstime.com
(19p)물고기ⓒAndrei Calangiu | Dreamstime.com (19p)사람ⓒChuckaitch | Dreamstime.com (19p)올빼미ⓒRgbe | Dreamstime.com
(19p)잠자리ⓒOrionmystery | Dreamstime.com (19p)게ⓒfeathercollector | Fotolia.com (19p)꿀벌ⓒWpehlemann | Dreamstime.com
(19p)파리ⓒSithandorn | Dreamstime.com (25p)아르마딜로ⓒIsselee | Dreamstime.com (25p)가재ⓒcrispul21 | stock.xchng
(26p)사마귀ⓒBidouze Stéphane | Dreamstime.com (26p)애벌레ⓒHalil I. Inci | Dreamstime.com (26p)나방ⓒriafnall | stock.xchng
(26p)카멜레온ⓒNoam Armonn | Dreamstime.com (27p)고슴도치ⓒScuglik | stock.xchng (27p)성게ⓒentony | stock.xchng
(27p)스컹크ⓒHolly Kuchera | Dreamstime.com (27p)무당벌레ⓒGilles Gonthier | everystock.com
(27p)독화살개구리ⓒThoursie | stock.xchng (28p)목도리도마뱀ⓒKira Kaplinski | Dreamstime.com
(28p)새 떼ⓒdavedehetre | everystock.com (28p)복어ⓒVincent1129 | Dreamstime.com (28p)물고기 떼ⓒdelcaldo | stock.xchng
(29p)주머니쥐ⓒshouldbecleaning | flicker.com (29p)유럽유혈목이ⓒCommonswiki | everystock.com (35p)송어ⓒjeffweese | flicker.com
(35p)연어ⓒdavid_nikonvscanon | flicker.com (35p)칠성장어ⓒArsty | Dreamstime.com (41p)물 먹는 소ⓒClearviewstock | Dreamstime.com
(41p)물 먹는 호랑이ⓒOngchangwei | Dreamstime.com (41p)물 먹는 영양ⓒJohannes Gerhardus Swanepoel | Dreamstime.com
(46p)산호ⓒStephankerkhofs | Dreamstime.com (47p)해파리ⓒAlleng | Dreamstime.com (48p)식물의 광합성ⓒbortescristian | flicker.com
(48p)초식 동물ⓒDave_B | flicker.com (48p)육식 동물ⓒBlackHawkTraffic | flicker.com (49p)버섯ⓒPencho Tihov | Dreamstime.com
(49p)칸디다균ⓒAndre Nantel | Dreamstime.com (49p)이스트균ⓒTine Grebenc | Dreamstime.com (53p)자라ⓒronnieb | flicker.com
(53p)거북ⓒtaliesin | flicker.com (61p)오리너구리ⓒsusan flashman | Fotolia.com (61p)가시두더지ⓒClearviewstock | Dreamstime.com
(66p)도미ⓒEti Swinford | Dreamstime.com (66p)농어ⓒAlexander Raths | Fotolia.com (67p)정어리ⓒAleksandar Jocic | Dreamstime.com
(78p)페어ⓒnayrb7 | flicker.com (79p)펭귄ⓒRaywoo | Dreamstime.com (79p)말발굽ⓒJack Schiffer | Dreamstime.com
(80p)벌새ⓒFrank Pali | Dreamstime.com (80p)영양ⓒMelissa Schalke | Dreamstime.com (80p)치타ⓒMarkbeckwith | Dreamstime.com
(81p)물고기 화석ⓒdefret | flicker.com (87p)단봉낙타ⓒNasser Buhamad | Dreamstime.com (87p)쌍봉낙타ⓒVkhimenko | Dreamstime.com
(95p)개구리 알ⓒWildpublic | Dreamstime.com (95p)올챙이ⓒCleanylee | Dreamstime.com (95p)올챙이 뒷다리ⓒIsselee | Dreamstime.com
(95p)개구리 앞다리ⓒIan Wilson | Dreamstime.com (95p)개구리ⓒmartianpc | stock.xchng (101p)판다ⓒGea Strucks | Dreamstime.com
(101p)호랑이ⓒScottpayne | Dreamstime.com (101p)비버ⓒAmmit | Dreamstime.com (103p)늑대ⓒChris Lorenz | Dreamstime.com
(103p)여우ⓒLucaplacido | Dreamstime.com (103p)코요테ⓒMiws16 | Dreamstime.com (111p)흰긴수염고래ⓒmikebaird | flicker.com
(111p)돌고래ⓒPaul Hampton | Dreamstime.com (111p)범고래ⓒAlita Bobrov | Dreamstime.com
(117p)북극곰ⓒAnthony Hathaway | Dreamstime.com (117p)코끼리물범ⓒRichard Lindie | Dreamstime.com
(117p)북극여우ⓒOutdoorsman | Dreamstime.com (117p)황제펭귄ⓒJeremy Wee | Dreamstime.com
(123p)두더지ⓒMarcin Pawinski | Dreamstime.com (130p)열대 우림ⓒroy_luck | flicker.com (130p)원숭이ⓒlaszlo-photo | flicker.com
(131p)침엽수림ⓒcod_gabriel | flicker.com (132p)활엽수림ⓒNicholas_T | flicker.com (132p)사슴ⓒKateKrav | stock.xchng
(132p)사바나ⓒJakub Gruchot | Dreamstime.com (132p)얼룩말ⓒshaunclark | stock.xchng
(133p)툰드라ⓒMichael Papasidero | Dreamstime.com 133p)순록ⓒBillyboy | flicker.com (139p)무당개구리ⓒSusanMcM | flicker.com
(139p)오스트레일리아 화이트청개구리ⓒJeff Grabert | Dreamstime.com (145p)거미ⓒjurvetson | flicker.com
(145p)개미ⓒrollingrosc | flicker.com (151p)파괴되는 열대 우림ⓒThreat to Democracy | flicker.com
(159p)쐐기ⓒRichard Majlinder | Fotolia.com (159p)송충이ⓒDmitry Maslov | Dreamstime.com (159p)누에ⓒ白石崖 | flicker.com
(165p)타조ⓒStig Nygaard | stock.xchng (165p)레아ⓒAnita Nowack | Dreamstime.com (165p)에뮤ⓒScooperdigital | Dreamstime.com
(165p)키위ⓒTomas Pavelka | Dreamstime.com (171p)벼룩ⓒArmando Frazão | Dreamstime.com
(171p)기생파리ⓒMirceax | Dreamstime.com (172p)모나크나비 알ⓒkiwinz | flicker.com (172p)모나크나비 변태ⓒSidPix | flicker.com
(173p)잠자리 변태ⓒmetamorphosis | flicker.com (173p)잠자리 변태ⓒTeh Soon Huat | Dreamstime.com
(173p)잠자리 알ⓒmuledriver | flicker.com (173p)잠자리 어른벌레ⓒrunrunrun | stock.xchng (177p)태성ⓒbarunpatro | stock.xchng
(177p)난생ⓒldmdl | stock.xchng (178p)개구리ⓒRevensis | Dreamstime.com (178p)매미ⓒmzsu | flicker.com
(178p)아틀라스나비ⓒWildcat Dunny | Dreamstime.com (179p)물총새ⓒMille19 | Dreamstime.com (179p)공작ⓒToastyKen | flicker.com
(179p)푸른발부비새ⓒBurt Johnson | Dreamstime.com (183p)독일바퀴ⓒdefun | Fotolia.com (188p)제비ⓒPadede | Dreamstime.com
(188p)베짜는새ⓒSteven Tor Peng Hock | Dreamstime.com (188p)황새ⓒJoop Kleuskens | Dreamstime.com
(193p)백상어리ⓒElisabeth Hammerschmid | Dreamstime.com (193p)쇠똥구리ⓒXunbin Pan | Dreamstime.com
(199p)똥 덩어리 굴리는 쇠똥구리ⓒlockstockb | stock.xchng (203p)플라나리아ⓒpuuik ibeach | flicker.com (203p)은어ⓒphotostock
(203p)아르마딜로ⓒTwildlife | Dreamstime.com (203p)캥거루쥐ⓒPercent | Dreamstime.com (205p)메기ⓒShariff che'lah | Dreamstime.com
(205p)오리너구리ⓒSusan flashman | Fotolia.com (205p)자라ⓒWilliam Rothstein | Dreamstime.com
(205p)민달팽이ⓒDana Rothstein | Dreamstime.com (205p)페어ⓒNayrb7 | Dreamstime.com (205p)라마ⓒJarnogz | Dreamstime.com
(207p)유럽무족도마뱀ⓒAndy Butkaj | Dreamstime.com (207p)피파개구리 ⓒ Grecu Mihail Alin | Dreamstime.com
(207p)개미활기ⓒAnthony Hathaway | Dreamstime.com (207p)고래ⓒShawn Jakson | Dreamstime.com
(207p)두더지ⓒMarcin Pawinski | Dreamstime.com (209p)강돌고래ⓒSmontgom65 | Dreamstime.com
(209p)타조ⓒStig Nygaard | stock.xchng (209p)쟁기발두꺼비ⓒPmitry Zhukov | Dreamstime.com
(209p)나무늘보ⓒPablo Yoder | Dreamstime.com (209p)명주잠자리ⓒHadakore | Dreamstime.com
(211p)땟시벌ⓒEvgeny Prokofyer | Dreamstime.com (211p)해마ⓒWrangel | Dreamstime.com (211p)갑옷바퀴ⓒ한겨레신문사
(211p)강남상어ⓒWksp | Dreamstime.com (211p)쇠똥구리ⓒDuncan Noakes | Dreamstime.com

어린이들의 지식 친구

『지식은 내 친구』

세상을 더 넓게, 더 깊이!

여러분 각자의 세계를 탐구하세요.

온갖 것이 어떻게 작동하는지 호기심을 갖고 질문하세요.

생물을 관찰하고 보호하세요.

매일 여러분 각자의 방식으로 그렇게 하세요.

그러다가 생각과 상상이 개구리처럼 펄쩍 뛰어오르거든,

그것을 억누르지 마세요.

반드시 그런 도약을 통해 새로운 아이디어에 도달하니까요!

《자연에서 배우는 발명의 기술》 중에서

001 쇠막대가 머리를 뚫고 간 사나이 존 플라이슈만　**002** 신기한 동물에게 배우는 생태계 햇살과나무꾼　**003** 뼈 스티브 젱킨스
004 놀라운 생태계, 거꾸로 살아가는 동물들 햇살과나무꾼·안은진　**008** 산에 가면 산나물 들에 가면 들나물 오현식·박은지
005 알래스카 이야기 호시노 미치오　**006** 인간의 오랜 친구 개 김황·김은주　**007** 동물원 친구들은 어떻게 지낼까? 아베 히로시
010 세상을 바꾼 상상력 사과 한 알 정연숙·크리스티나 L. 슈타르바우어　**011** 자연에서 배우는 발명의 기술 지그리트 벨쳐
009 동물의 대이동 김황·백남원　**012** 우리 세상의 기호들 유다정·이현진　**013** 사람은 왜 꾸미는 걸까? 정해영
014 강물아, 흘러 흘러 어디로 가니? 신현수·심가인　**015** 고릴라에게서 평화를 배우다 김황·김은주

문화체육관광부 우수교양도서/한국출판문화산업진흥원 추천도서/어린이도서연구회 권장도서/학교도서관저널 추천도서
아침독서운동 권장도서/한우리독서문화운동본부 추천도서/오르비스픽투스 논픽션상/미국도서관협회 우수도서

전화 031-955-9164 | cafe.naver.com/nonjangbook